Неустоимата готварска книга от червено кадифе

100 ОМАЙНИ РЕЦЕПТИ, ВДЪХНОВЕНИ ОТ КЛАСИЧЕСКАТА ТОРТА ЧЕРВЕНО КАДИФЕ

Адам Келешев

СЪДЪРЖАНИЕ

ВЪВЕДЕНИЕ

Добре дошли в Неустоимата готварска книга от червено кадифе, празник на всичко свързано с червеното кадифе! Независимо дали сте дългогодишен фен, или сте новодошли на този вкусен десерт, тази готварска книга има по нещо за всеки. От класически торти и кексчета до уникални обрати на пикантни ястия, ние ще ви покрием.

Червеното кадифе се превърна в популярен аромат през последните години със своя жив цвят и богат, снизходителен вкус. Не е чудно защо е любимо за специални поводи като Свети Валентин или Коледа. Но защо да се ограничавате само до няколко дни от годината? С тази готварска книга можете да се насладите на декадентския вкус на червено кадифе всеки ден от седмицата.

Събрахме колекция от рецепти, които със сигурност ще задоволят желанието ви за червено кадифе. Независимо дали сте в настроение за нещо сладко или солено, има рецепта за вас. Нашата класическа торта Червено кадифе е задължителна, с влажните и нежни трохи и острата глазура от крема сирене. Но защо да спрем до тук? Нашите палачинки Red Velvet са перфектен брънч през уикенда, докато нашите вафли Red Velvet са забавен обрат на класическата закуска.

И да не забравяме пикантната страна на червеното кадифе. Нашето пържено пиле с червено кадифе е удоволствие от тълпата със своя хрупкав външен вид и сочно, ароматно месо. Или опитайте нашия за уникален и вкусен обрат на класическа комфортна храна.

Независимо дали сте опитен пекар или начинаещ в кухнята, нашите лесни за следване рецепти и инструкции стъпка по стъпка ще ви насочат през процеса на създаване на вкусни ястия от червено кадифе. А със зашеметяващата фотография в цялата книга ще бъдете вдъхновени да опитате нови рецепти и да създадете свои собствени шедьоври от червено кадифе.

И така, какво чакате? Нека се потопим в света на червеното кадифе и да открием всички вкусни възможности, които предлага!

ЗАКУСКА

1. <u>Червени кадифени палачинки с кефир</u>

Прави: 4 порции

СЪСТАВ:
ТОПИНГ
- ½ чаша обикновен кефир
- 2 супени лъжици пудра захар

ПАЛАЧИНКИ
- 1¾ чаши старомодни валцувани овесени ядки
- 3 супени лъжици какао на прах
- 1½ чаена лъжичка бакпулвер
- 1 чаена лъжичка сода бикарбонат
- ¼ чаена лъжичка сол
- 3 супени лъжици кленов сироп
- 2 супени лъжици кокосово масло, разтопено
- 1½ чаши 2% нискомаслено мляко
- 1 голямо яйце
- 1 чаена лъжичка червена хранителна боя
- Шоколадови стърготини или чипс, за сервиране

ИНСТРУКЦИИ:
a) За заливката добавете двете съставки в малка купа и разбъркайте, докато се смесят. Заделени.

b) За палачинките добавете всички продукти в блендер с висока скорост и разбийте на висока степен, за да се втечнят. Уверете се, че всичко е добре смесено.

c) Оставете тестото да почине за 5 до 10 минути. Това позволява на всички съставки да се съберат и придава на тестото по-добра консистенция.

d) Напръскайте незалепващ тиган или решетка обилно с растително масло и загрейте на среден огън.

e) След като тиганът е горещ, добавете тестото с помощта на мерителна чаша с ¼ чаша и изсипете тестото в тигана, за да направите палачинката. Използвайте мерителната чашка, за да оформите палачинката.

f) Гответе, докато страните изглеждат стегнати и се образуват мехурчета в средата, 3 минути, след което обърнете палачинката.

g) След като палачинката се изпече от тази страна, отстранете палачинката от котлона и я поставете в чиния.
h) Продължете тези стъпки с останалата част от тестото.
i) Подредете и сервирайте с топинг и парченца шоколад.

2. Червени кадифени смути купички

Прави: 2

СЪСТАВ:
- 1 печено цвекло охладено
- 1 чаша замразени череши
- 1 банан, нарязан и замразен
- ¼ чаша мляко
- 3 супени лъжици какао на прах
- 1 супена лъжица мед
- Идеи за топинг: плодове/цвекло във формата на сърце, банан, семена, ядки, кокос

ИНСТРУКЦИИ:
a) Комбинирайте всички съставки в блендер до гладкост, като добавите още мляко и мед, ако е необходимо, за да постигнете консистенция и сладост по ваш вкус.
b) Отгоре поръсете с любимите си ядки/семена, банан и какао.

3. Червени кадифени палачинки с пълнеж от крема сирене

Прави: 10-12 палачинки

СЪСТАВ:
- 2 яйца
- 1 чаша мляко
- ½ чаша вода
- ½ чаена лъжичка сол
- 3 супени лъжици масло, разтопено
- 1 чаена лъжичка захар
- 1 чаена лъжичка ванилов екстракт
- 1 чаша брашно
- 1½ супена лъжица какао на прах
- 5 капки червена хранителна боя, по желание
- Пълнеж от крема сирене/напръскайте

ИНСТРУКЦИИ:
a) Смесете яйцата, млякото, водата, солта, захарта, ванилията и 3 супени лъжици разтопено масло в блендер и разбийте до получаване на пяна, около 30 секунди.

b) Добавете брашното и какаото на прах и разбийте до гладкост.

c) Добавете хранителната боя по това време, ако използвате. Ще трябва да направите тестото малко по-ярко, отколкото искате да бъде крайният ви продукт.

d) Охладете тестото за 30 минути или за една нощ.

e) Когато сте готови да приготвите вашите палачинки, загрейте 1 супена лъжица масло в тиган за палачинки или друг плитък тиган. Уверете се, че маслото е покрило цялата повърхност на тигана, преди да добавите ¼ чаша тесто за креп и да го завъртите, за да покриете повърхността на тигана.

f) Гответе палачинки за една минута, обърнете внимателно и след това гответе другата страна за половин минута.

g) Гарнирайте с шоколадов сос и остатъчен пълнеж от крема сирене.

4. Червени кадифени рулца с канела

Прави: 24 рула

СЪСТАВ:
ЗА КАНЕЛЕНИТЕ РОЛЦА
- 4½ супени лъжици суха мая
- 2-½ чаши топла вода
- 15,25 унции Кутия със смес за торта Red Velvet
- 1 чаена лъжичка ванилов екстракт
- 1 чаена лъжичка сол
- 5 чаши универсално брашно

ЗА КАНЕЛЕНАТА ЗАХАРНА СМЕС
- 2 чаши пакетирана кафява захар
- 4 супени лъжици смляна канела
- ⅔ чаша омекнало масло

ЗА ГЛАСУРАТА ОТ КРЕМ СИРЕНЕ
- 16 унции всяка крема сирене, омекотено
- ½ чаша омекнало масло
- 2 чаши пудра захар
- 1 чаена лъжичка ванилов екстракт

ИНСТРУКЦИИ:
a) В голяма купа за смесване смесете маята и водата, докато се разтвори.

b) Добавете кексовата смес, ванилията, солта и брашното. Разбъркайте добре - тестото ще бъде леко лепкаво.

c) Покрийте купата плътно с найлоново фолио. Оставете тестото да втаса за един час. Надупчете тестото и го оставете да втаса отново за още 45 минути.

d) Върху леко набрашнена повърхност разточете тестото на голям правоъгълник с дебелина около ¼ инча. Разпределете маслото върху цялото тесто равномерно.

e) В средно голяма купа смесете кафявата захар и канелата. Поръсете сместа от кафява захар върху маслото.

f) Навийте като желирано руло, като започнете от дългия ръб. Нарежете на 24 равни части.

g) Намаслете две тави за печене 9x13 инча. Подредете филийките канелено руло във формичките. Покрийте и оставете да втаса на топло място, докато удвои обема си.

h) Загрейте фурната до 350°F.

i) Печете за 15-20 минути или до готовност.

j) Докато канелените рулца се пекат, пригответе глазурата с крема сирене, като разбиете крема сиренето и маслото в средно голяма купа, докато стане крем. Смесете ванилията. Постепенно добавете пудрата захар.

5. Червени кадифени печени понички

Прави: 14-16 понички

СЪСТАВ:
- 2 ¼ чаши брашно
- 1 супена лъжица бакпулвер
- ½ чаена лъжичка сол
- ⅔ чаша захар
- 1 яйце
- 2 супени лъжици растително масло
- 2 супени лъжици какао на прах
- 1 чаена лъжичка ванилия
- ½ чаша нискомаслено мляко
- Червена мека гел паста
- глазура

ИНСТРУКЦИИ:
a) Загрейте фурната на 350 градуса.
b) Напръскайте форма за понички със спрей за готвене и оставете настрана.
c) В средна купа смесете брашното, бакпулвера и солта.
d) Разбъркайте добре и оставете настрана.
e) В голяма купа смесете захарта, яйцето и растителното масло.
f) Добавете какаото на прах и ванилията и разбъркайте добре.
g) Бавно разбъркайте млякото, докато се смеси добре.
h) Добавете сухите съставки, около половин чаша наведнъж, като разбърквате добре след всяко добавяне.
i) Добавете няколко капки червен хранителен оцветител и разбъркайте, докато тестото придобие желания цвят.
j) Поставете тестото в торбичка с цип и затворете.
k) Отрежете края и изсипете във формата за понички, като напълнете всяка чаша за понички до ⅔.
l) Печете 12-15 минути, като внимавате поничките да не покафенеят.
m) Потопете върховете на поничките в глазурата и поръсете със сърца или ръси.

6. Бухната палачинка от червено кадифе

Прави: 4 порции

СЪСТАВ:
ЗА ПАЛАЧИНКАТА:
- 4 големи яйца
- 1 чаша мляко
- ¾ чаша + 2 супени лъжици универсално брашно
- 2 супени лъжици какао на прах
- ¼ чаша гранулирана захар
- ¼ чаена лъжичка кошер сол
- 1 чаена лъжичка ванилов екстракт
- 2 супени лъжици несолено масло
- ½ чаена лъжичка червен гел хранителен оцветител
- Спрей за готвене
- глазура

ИНСТРУКЦИИ:
a) Загрейте фурната до 400 градуса F
b) Поставете яйцата, млякото, брашното, какаото на прах, захарта, солта и ванилията в блендера; разбъркайте, докато се комбинират напълно. Добавете хранителния оцветител и разбъркайте за 30 секунди.
c) Загрейте 10-инчов чугунен тиган или тиган с незалепващо покритие на средно висока температура. Добавете маслото и го разтопете. Изсипете тестото в тигана. Поставете тавата във фурната и печете, докато покафенеят, бухнат и се сготвят за около 20-25 минути.
d) Докато палачинката е във фурната, направете глазурата с крема сирене. Разбийте крема сиренето и маслото с миксер, докато се смесят напълно, 1-3 минути. Добавете млякото и разбийте, за да се комбинират. Бавно добавете пудрата захар и разбъркайте, докато се образува глазура. Можете да добавите още мляко по чаена лъжичка наведнъж, ако е необходимо, за да получите глазурата на консистенция за изливане.
e) Нарежете палачинката на филийки и я поднесете с глазура от крема сирене и плодове.

7. Червена кадифена вафла със сирене

Прави: 3 вафли

СЪСТАВ:
- 1 яйце
- 1 унция крема сирене
- 2 супени лъжици кокосово брашно
- 1 супена лъжица мътеница
- 2 супени лъжици подсладител без захар
- ½ чаена лъжичка бакпулвер
- ½ чаена лъжичка какао на прах
- червен хранителен оцветител

ИНСТРУКЦИИ:
a) Загрейте уреда за гофрети.

b) Разбийте заедно всички съставки. Добавете няколко капки червен хранителен оцветител, за да постигнете желания нюанс на розово или червено.

c) Изсипете около ⅓ от червеното кадифено тесто в машината за гофрети, ако използвате мини машина за гофрети.

d) Затворете машината за гофрети и оставете да се готви за 3-5 минути или докато вафлата стане златистокафява и стегне.

e) Извадете чафъла от уреда за гофрети и сервирайте.

8. Френски тост от червено кадифе

Прави: 4

СЪСТАВКИ
- 8 резена бриош
- 3 големи яйца
- 1 чаша сметана половин и половина 10%MF
- 2 супени лъжици гранулирана захар
- 1 супена лъжица ванилов екстракт
- 2 супени лъжици какао на прах
- 2-3 супени лъжици червена хранителна боя
- ¼ чаени лъжички сол
- 2-3 супени лъжици масло или олио, за пържене
- Глазура от крема сирене

ИНСТРУКЦИИ
a) Загрейте фурната до 250F. Поставете филийките бриош върху тава и печете за 15-20 минути или докато леко изсъхнат. Охладете филийките напълно. Разбийте заедно яйцата, сметаната, захарта, ванилията, какаото на прах, хранителния оцветител и солта.

b) Изсипете яйчената смес върху филийките.

c) Обръщайте филийките на всеки няколко минути и ги заливайте с лъжица от сместа, докато почти всичко се поеме. Около 10 минути.

d) Загрейте тиган на среден огън. Добавете маслото, след което поставете филийките в тигана. Гответе по 2-3 минути от всяка страна или докато покафенеят.

9. Горещ шоколад Red Velvet

Прави: 6

СЪСТАВ:
- 14 унции подсладено кондензирано мляко
- 1 чаша тежка сметана
- 6 чаши пълномаслено мляко
- 1 чаша полусладък шоколадов чипс
- 1 супена лъжица ванилов екстракт
- 1 супена лъжица крема сирене
- 4 капки червен хранителен гел

ИНСТРУКЦИИ:
a) Добавете подсладеното кондензирано мляко, парченцата шоколад, тежката сметана, млякото и екстракта от ванилия във вашата бавна готварска печка и гответе на слаб огън за 3 часа, като разбърквате на всеки час. Шоколад и мляко в бавна готварска печка

b) След като шоколадът се разтопи, разбъркайте крема сиренето и червения хранителен оцветител.

c) Продължете да готвите, ако желаете, или намалете котлона, за да се затопли и сервирайте. Шоколад в бавна готварска печка

d) Ако сместа е твърде гъста за вашите предпочитания, можете да я разредите с допълнително мляко или вода. Червен кадифен горещ шоколад в прозрачна чаша

10. <u>Червен кадифен бананов хляб</u>

Прави: 2 питки

СЪСТАВ:
- 1 кутия микс за торта Red Velvet
- 3 големи яйца
- ⅓ чаша масло
- 1½ чаши бананово пюре, около 3 или 4 банана
- 1 чаша нарязани пекани

ИНСТРУКЦИИ:
a) Загрейте фурната до 350ºF. Намаслете и набрашнете две форми за хляб.

b) Смесете сухата смес за кекс, яйцата, олиото, пюрираните банани и нарязаните пекани, докато се смесят добре. Изсипете тестото в подготвени тави.

c) Печете за 30 до 35 минути или докато клечката за зъби, поставена в центъра, излезе чиста.

d) Извадете от фурната върху решетка за охлаждане за 10 минути, преди да извадите от тигана.

e) Охладете напълно върху решетка. По желание се поръсва с пудра захар.

11. Вафла Red Velvet Mochi

Прави: 8 порции

СЪСТАВ:
ЗА ВАФЛИТЕ МОЧИ ЧЕРВЕНО КАДИФЕ
- 1 ½ чаша мляко
- 2 яйца
- 2 супени лъжици червен хранителен оцветител
- 1 чаена лъжичка ванилов екстракт
- ½ чаена лъжичка дестилиран бял оцет
- 2 ½ чаши брашно мочико
- ½ чаша гранулирана захар
- 1 супена лъжица бакпулвер
- 1 супена лъжица какао на прах
- ½ чаена лъжичка сол

ИНСТРУКЦИИ:
a) Загрейте предварително вашата гофретница.
b) Към средна купа за смесване добавете мокри съставки и разбийте, докато се смесят добре. Заделени.
c) След това в голяма купа за смесване добавете сухи съставки.
d) Разбийте, докато се смесят добре.
e) Добавете мокрите съставки към сухите и разбъркайте, докато се комбинират.
f) Напръскайте незалепващ спрей за готвене върху повърхността на машината за гофрети. Изсипете тестото в машината за гофрети и гответе, докато леко покафенее.

12. Червен кадифен горещ ментов шоколад

Прави: 5 чаши

СЪСТАВКИ
- 4 чаши сметана половина и половина
- 7 унции бял шоколад за печене, нарязан
- 2 унции млечен шоколад, нарязан
- ¼ до ½ чаена лъжичка червен хранителен оцветител
- ¼ до ½ чаена лъжичка екстракт от мента
- Тире сол
- Бонбони и маршмелоу

ИНСТРУКЦИИ:
a) В голяма тенджера загрейте сметаната на среден огън, докато се образуват мехурчета около стените на тигана.
b) Свалете от огъня; разбийте шоколадовите бонбони, хранителния оцветител, екстракта и солта, докато стане гладка. Върнете се на топлина; гответе и разбърквайте, докато се загрее.
c) Изсипете в чаши; отгоре със захарни бастунчета и marshmallows.

13. <u>Червено кадифено овесено брашно</u>

Прави: 6

СЪСТАВКИ
- 1 ½ чаши валцувани овесени ядки
- 1 чаша Мътеница
- 2 ½ чаши мляко
- 2 супени лъжици захар
- 1 ½ супени лъжици какао на прах
- ¼ чаена лъжичка сол
- 2 до 3 капки червен хранителен оцветител
- 1 чаена лъжичка ванилов екстракт

ТОПИНГИ
- Арили от нар
- Шоколадови парчета
- Плодове по избор
- ядки

ИНСТРУКЦИИ
a) Добавете мляко, захар, сол, екстракт от ванилия и какао на прах в тенджерата

b) Разбъркайте и включете котлона на среден.

c) Добавете овесените ядки към млечно-какаовата смес.

d) Добавете оцветителя и гответе на средна степен до пълна готовност.

e) Отнема около 6 минути, за да се сготви напълно. Бъркайте непрекъснато, за да не загори.

f) Сервирайте с повече мляко и гарнитура по избор.

14. Червена кадифена малина и бадемово мляко

Прави: 3

СЪСТАВКИ:

- 1 чаша замразени малини
- ¼ чаша колагенови пептиди
- ¼ чаша МСТ масло
- 2 супени лъжици семена от чиа
- 1 чаена лъжичка цвекло на прах
- 1 чаена лъжичка органичен екстракт от ванилия
- 4 капки течна стевия
- 1 ½ чаша бадемово мляко, неподсладено

ИНСТРУКЦИИ:

a) В мощен блендер смесете всички съставки и пасирайте до гладкост.

b) Разсипете в 3 купички за сервиране и поднесете с любимата гарнитура.

15. Червени кадифени кисели яйца

Прави: 6

СЪСТАВ:
- 6 яйца
- 1 чаша бял оцет
- Сок от 1 кутия цвекло
- ¼ чаша захар
- ½ супена лъжица сол
- 2 скилидки чесън
- 1 супена лъжица цял черен пипер
- 1 дафинов лист

ИНСТРУКЦИИ:
a) Загрейте предварително водната баня до 170 °F.

b) Поставете яйцата в торба. Запечатайте торбата и я поставете във ваната. Гответе 1 час.

c) След 1 час поставете яйцата в купа със студена вода, за да се охладят и внимателно обелете. В плика, в който сте варили яйцата, смесете оцет, сок от цвекло, захар, сол, чесън и дафинов лист.

d) Заменете яйцата в торба с течност за мариноване. Поставете на водна баня и варете още 1 час.

e) След 1 час преместете яйцата с течността за мариноване в хладилник.

f) Оставете да се охлади напълно преди консумация.

16. Латкеси от червено кадифе

Прави: 1 порция

СЪСТАВ:
- 1 чаша ситно нарязано прясно цвекло
- 2 супени лъжици царевично нишесте
- 4 разбити жълтъка
- ½ чаена лъжичка захар
- 3 супени лъжици Тежка сметана или неразредено кондензирано мляко
- ½ чаена лъжичка смляно индийско орехче
- 1 чаена лъжичка сол

ИНСТРУКЦИИ:
a) Комбинирайте всички съставки в купа за смесване.
b) Разбъркайте добре и изпечете като палачинки върху гореща намазана с масло решетка или тежък тиган.
c) Сервирайте с плодов мармалад или консерви.

17. Червено кадифе Хаш

Прави: 4

СЪСТАВ:

- 1 килограм цвекло, обелено и нарязано на кубчета
- ½ паунда картофи Yukon Gold, почистени и нарязани на кубчета
- Едра сол и прясно смлян черен пипер
- 2 супени лъжици зехтин екстра върджин
- 1 малка глава лук, нарязана на кубчета
- 2 супени лъжици наситнен пресен магданоз
- 4 големи яйца

ИНСТРУКЦИИ:

a) В тиган с високи стени покрийте цвеклото и картофите с вода и ги оставете да заври. Подправете със сол и гответе, докато омекне, около 7 минути. Отцедете и избършете тигана.

b) Загрейте олио в тиган на средно висока температура. Добавете сварено цвекло и картофи и гответе, докато картофите започнат да стават златисти около 4 минути. Намалете топлината до средна, добавете лука и гответе, като разбърквате, докато омекне, около 4 минути. Регулирайте подправките и разбъркайте магданоза.

c) Направете четири широки кладенчета в хаша. Чукнете по едно яйце във всяко и овкусете яйцето със сол. Гответе, докато белтъците стегнат, но жълтъците все още са течни 5 до 6 минути.

18. Пица за закуска с червено кадифе

Прави: 6

СЪСТАВ:

ЗА КОРИ ЗА ПИЦА:

- 1 чаша сварено и пюрирано цвекло
- ¾ чаша бадемово брашно
- ⅓ чаша брашно от кафяв ориз
- ½ чаена лъжичка сол
- 2 чаени лъжички бакпулвер
- 1 супена лъжица кокосово масло
- 2 супени лъжици нарязан розмарин
- 1 яйце

ТОПИНГИ:

- 3 яйца
- 2 резена сварен бекон се натрошават
- авокадо
- сирене

ИНСТРУКЦИИ

a) Загрейте фурната до 375 градуса

b) Смесете всички съставки за кората за пица

c) Пече се 5 минути

d) Извадете и направете 3 малки "кладенчета" с помощта на гърба на лъжица или форма за сладолед

e) Пуснете 3-те яйца в тези "ямки"

f) Печете 20 минути

g) Отгоре поръсете със сирене и бекон и запечете още 5 минути

h) Добавете още розмарин, сирене и авокадо.

ПРЕЗЯТИЯ И ЗАКУСКИ

19. Червени кадифени бомби

Прави: 10

СЪСТАВ:
- 100 грама черен шоколад, 90%
- 1 чаена лъжичка екстракт от ванилия, без захар
- ⅓ чаша крема сирене, омекотено
- 3 супени лъжици стевия
- 4 капки червен хранителен оцветител
- ⅓ чаша гъста сметана от канабис, разбита

ИНСТРУКЦИИ:
a) Загрейте шоколада си в микровълнова фурна на интервали от десет секунди в подходяща за микровълнова фурна купа.

b) С изключение на разбитата сметана, комбинирайте всички останали съставки в голяма купа за смесване.

c) Уверете се, че е идеално гладък, като го разбъркате с ръчен миксер.

d) Добавете разтопения шоколад и продължете да бъркате още две минути.

e) Напълнете плика наполовина със сместа, изсипете го върху подготвен лист за печене и го поставете в хладилника за четиридесет минути.

f) Преди сервиране добавете купичка бита сметана отгоре.

20. Червени кадифени тиквени блокчета

Прави: 4 порции

СЪСТАВ:
- Малко варено цвекло, 2 бр
- Кокосово брашно, ¼ чаша
- Био масло от тиквени семки, 1 супена лъжица
- Кокосово мляко, ¼ чаша
- Ванилова суроватка, ½ чаша
- 85% черен шоколад, разтопен

ИНСТРУКЦИИ:
a) Комбинирайте всички сухи съставки с изключение на шоколада.
b) Разбъркайте млякото върху сухите съставки и разбъркайте добре.
c) Оформете среден размер на пръчици.
d) Разтопете шоколада в микровълновата и го оставете да се охлади за няколко секунди.
e) Сега потопете всяко блокче в разтопен шоколад и намажете добре.
f) Приберете в хладилник, докато шоколадът стегне и стегне.
g) Наслади се.

21. Red Velvet Fudge Protein Bar s

Прави: 4 порции

СЪСТАВ:
- Пюре от печено цвекло, 1 чаша
- Ванилова паста, 1 ч.л
- Неподсладено соево мляко, ½ чаша
- Орехово масло, ½ чаша
- Розова химpapайска сол, ⅛ чаена лъжичка
- Екстракт, 2 ч.л
- Сурова стевия, ¾ чаша
- Овесено брашно, ½ чаша
- Протеин на прах, 1 чаша

ИНСТРУКЦИИ:
a) Разтопете маслото в тенджера и добавете овесено брашно, протеин на прах, пюре от цвекло, ванилия, екстракт, сол и стевия. Разбъркайте, докато се комбинират.
b) Сега добавете соево мляко и разбъркайте, докато се смеси добре.
c) Прехвърлете сместа в тава и охладете за 25 минути.
d) Когато сместа стегне, нарежете я на 6 блокчета и се насладете.

22. Red Velvet Puppy Chow

Прави:22

СЪСТАВ:
- 15,25 унции смес за торта от червено кадифе
- 1 чаша пудра захар
- 12 унции бял шоколад
- 8 унции полусладък шоколад
- 2 супени лъжици тежка сметана, стайна температура
- 12 унции зърнени храни Chex
- 10 унции M&M's
- ⅛ Поръски с цвят на чаша

ИНСТРУКЦИИ:
a) Загрейте фурната си до 350°F.
b) Разпределете сместа за кекс с червено кадифе върху тава, постлана с хартия за печене.
c) Печете във фурната за 5-8 минути.
Извадете от фурната и оставете да изстине.
d) Добавете кексовата смес и пудрата захар в затваряща се торбичка и разклатете, за да се смесят добре. Поставете на една страна.
e) В купа натрошете шоколада, след което го загрейте в микровълновата на стъпки от 30 секунди, като разбърквате междувременно, докато шоколадът се разтопи напълно.
f) Разбъркайте сметаната.
g) Добавете зърнените храни Chex в друга голяма купа за смесване и изсипете шоколада отгоре.
h) Внимателно разбъркайте зърнените храни заедно с шоколада, докато се покрият равномерно, след което, работейки на партиди, добавете покритите с шоколад зърнени храни към торбичката със сместа за кекс и захарта и разклатете, докато се покрият напълно.
i) Извадете парчетата зърнени храни върху тава, покрита с хартия за печене.
j) Повторете с останалата зърнена култура, след което оставете парчетата да изсъхнат за около час.

k) Смесете с M&M и поръсете и поставете в купа за сервиране.

23. Парти микс Red Velvet

Прави: 12 порции

СЪСТАВ:
- 6 чаши Шоколадова зърнена закуска
- ½ чаша опакована кафява захар
- ⅓ чаша масло
- 3 супени лъжици царевичен сироп
- 1 капка червен гел хранителна боя
- 1 чаша хранителна смес за торта
- ½ чаша Глазура с крема сирене

ИНСТРУКЦИИ:
a) В голяма купа за микровълнова фурна поставете зърнени храни; заделени.
b) В средна купа за микровълнова фурна сложете в микровълнова кафява захар, масло, царевичен сироп, оцветител за храна и смес за кекс без капак на висока степен.
c) Веднага се изсипва върху зърнени храни; хвърляйте, докато се покрие добре.
d) Разстелете върху восъчна хартия. Охладете за 5 минути.
e) В малка купа за микровълнова фурна поставете глазура; микровълнова фурна без капак на High за 20 секунди.
f) Поръсете върху зърнената смес. Съхранявайте свободно покрити.

24. Червени кадифени топки за торта

Прави: 4 дузини

СЪСТАВ:
- Опаковка от 15,25 унции смес за торта от червено кадифе
- 1 чаша пълномаслено мляко
- ⅓ чаша осолено масло, разтопено
- 3 супени лъжици екстракт от ванилия, разделени
- Зеленчукова мазнина, за тиган
- Универсално брашно, за тиган
- Опаковка от 8 унции. крема сирене омекнало
- ½ чаша осолено масло, омекотено
- 4 чаши пудра захар
- 30 унции бели топящи се вафли
- Червени и бели поръски и шлайфане на захар

ИНСТРУКЦИИ:
a) Загрейте фурната до 350°F. Разбийте сместа за кекс, млякото, разтопеното масло и 1 чаена лъжичка ванилия в купата на мощен стоящ миксер, снабден с приставка за лопатка, на ниска скорост, докато се смесят добре, около 1 минута. Увеличете скоростта до средна и разбийте за 2 минути. Изсипете тестото в намаслена и набрашнена тава за печене с размери 13 x 9 инча.
b) Печете в предварително загрята фурна, докато дървена кирка, поставена в центъра, излезе чиста, 24 до 28 минути. Охладете в тава върху решетка за 15 минути. Обърнете тортата върху решетка и оставете да изстине напълно за около 2 часа.
c) Междувременно разбийте крема сиренето и омекналото масло с помощта на твърд миксер с лопатка на средна скорост до кремообразна смес. Намалете скоростта до ниска и постепенно добавете пудрата захар и останалите 2 чаени лъжички ванилия, като разбивате, докато се смесят. Увеличете скоростта до средно висока и разбийте, докато стане пухкава, 1 до 2 минути.
d) Охладената торта се натрошава в голяма купа. Разбъркайте 2 чаши глазура от крема сирене.

e) Разточете кексовата смес на 48 топки с диаметър около 1 инч. Поставете топките върху листове за печене и ги покрийте с найлоново фолио. Охладете за 8 часа или за една нощ.

f) Разтопете 1 пакет от топящите се вафли в средно голяма купа за микровълнова фурна в микровълнова фурна според указанията на опаковката.

g) С помощта на вилица и работейки с 1 топка за торта наведнъж, потопете топката в разтопени вафли, оставяйки излишното да капе обратно в купата. Поставете топката върху покрита с хартия за печене тава и веднага поръсете с желаното количество пръскачки или шлайфана захар.

h) Повторете с останалите 15 топки за торта и разтопени вафли в купа, като почиствате вилица между всяко потапяне.

i) Избършете купата и повторете още 2 пъти с останалите охладени топки за торта и 2 пакета топящи се блатове и желаното количество поръски. Охладете до готовност за сервиране.

25. Червени кадифени чаши за дреболии

Прави: 4 порции

СЪСТАВКИ
- Спрей за печене
- Опаковка от 15,25 унции микс за торта Red Velvet
- 1 чаша нискомаслена мътеница или вода
- 3 яйца
- ½ чаша растително масло
- 7 унции микс за незабавен пудинг от ванилия или чийзкейк
- 4 чаши пълномаслено мляко
- Разбит топинг и шоколадови стърготини, за сервиране

ИНСТРУКЦИИ:
a) Загрейте фурната до 350°F.
b) Напръскайте форма за руло със спрей за печене.
c) Смесете сместа за кекс, мътеницата или водата, яйцата и олиото в голяма купа с електрически миксер на ниска скорост, докато се навлажни, около 30 секунди.
d) Разбийте на средна скорост за 2 минути. Изсипете в тава.
e) Печете за 15 до 18 минути, докато клечка за зъби, поставена в центъра, излезе чиста.
f) Охладете сладкиша във форма върху решетка до пълното му охлаждане.
g) Използвайте назъбен нож, за да разделите тортата на 120 малки квадрата.
h) Пригответе пудинг според указанията на опаковката.
i) Поставете 10 кексови кубчета в чаша за сервиране и ги наслоете равномерно с пудинг.
j) Поръсете всяка чаша с разбит топинг и шоколадови стърготини.

26. Червена кадифена топка със сирене

Прави: 16 порции

СЪСТАВКИ
- 8 унции крема сирене, стайна температура
- ½ чаша несолено масло, стайна температура
- 15,25 унции кутия червено кадифе смес за торта, суха
- ½ чаша пудра захар
- 2 супени лъжици кафява захар
- ½ чаша мини шоколадов чипс
- ванилови бисквитки/крекери Греъм, за сервиране

ИНСТРУКЦИИ:
a) В купата на миксер с лопатка разбийте заедно крема сиренето и маслото до гладкост.

b) Добавете кексовата смес, пудрата захар и кафявата захар. Разбъркайте, докато се смеси добре.

c) Изстържете сместа върху голямо парче найлоново фолио. Използвайте фолиото, за да оформите сместа на топка. Охладете в найлоново фолио, докато стане достатъчно стегнато за работа, около 30 минути.

d) Поставете парченца шоколад върху чиния. Развийте топката сирене и я оваляйте в шоколадови парченца.

e) Сервирайте с ванилови бисквитки, крекери Греъм и др.

27. Брауни хапки с чийзкейк с червено кадифе

Прави: 30 хапки брауни

СЪСТАВ:
ЗА БРАУНИТА:
- 8 супени лъжици несолено масло, разтопено
- 1 чаша захар
- ¼ чаша неподсладено какао на прах
- ½ чаена лъжичка ванилов екстракт
- 1 супена лъжица червен хранителен оцветител
- ⅛ чаена лъжичка сол
- ½ чаена лъжичка бял оцет
- 2 големи яйца, леко разбити
- ¾ чаша универсално брашно

ЗА ПЪЛНЕЖА ЗА ЧИЙЗКЕЙК:
- Опаковка от 8 унции омекотено крема сирене
- 3 супени лъжици захар
- ½ чаена лъжичка ванилов екстракт
- 1 голям жълтък

ИНСТРУКЦИИ:
НАПРАВЕТЕ ТЕСТОТО ЗА БРАУНИ:
a) Загрейте фурната до 350ºF. Намажете форма за мини мъфини със спрей за готвене.

b) В голяма купа разбъркайте заедно разтопеното масло, захарта, какаото на прах, екстракта от ванилия, хранителния оцветител и солта, докато се смесят, и след това разбъркайте в белия оцет.

c) Добавете яйцата и разбъркайте, докато се смесят. Сложете брашното само докато се комбинират. Оставете сместа за брауни настрана.

НАПРАВЕТЕ ПЪЛНЕЖА ЗА ЧИЙЗКЕЙК:
d) В купата на миксер, снабден с приставката за лопатки, разбийте крема сиренето със захарта, ваниловия екстракт и яйчния жълтък, докато се смесят. Прехвърлете сместа за чийзкейк в торбичка или затваряща се найлонова торбичка и отрежете върха.

e) С помощта на малка лъжица за сладолед загребете около 1 супена лъжица от тестото за брауни във всяка ямка на формата за мъфини. Изсипете около 1 чаена лъжичка от сместа за чийзкейк върху тестото за брауни, след което отгоре сместа за чийзкейк с допълнителна 1 чаена лъжичка тесто за брауни. С помощта на клечка за зъби разбъркайте заедно тестото за брауни и сместа за чийзкейк.

f) Печете брауни хапките за около 12 минути или докато сместа за чийзкейка се изпече напълно. Извадете брауни хапките от фурната и ги оставете да се охладят в тавата за около 5 минути, преди да ги извадите.

28. Червени кадифени пуканки

Прави: 8 порции

СЪСТАВКИ
- 16 чаши пуканки
- 3 чаши червени кадифени трохи за торта
- 20 унции бял шоколад или бели топящи се бонбони

ИНСТРУКЦИИ
a) Сложете пуканките с въздушен попер в голяма купа.

b) Разтопете вашия бял шоколад според указанията на опаковката. Използвам двоен котел за бял шоколад.

c) Изсипете разтопения шоколад върху пуканките и разбъркайте, за да се покрият напълно.

d) Изсипете пуканките върху плот, облицован с восъчна хартия, и поръсете с вашите червени кадифени трохи.

e) Оставете да изсъхне напълно преди консумация.

29. Криспи с ориз от червено кадифе

Прави: 12 порции

СЪСТАВКИ
- 10,5 унции мини marshmallows
- 3 супени лъжици масло
- ½ чаени лъжички
- ¾ чаша смес за торта червено кадифе
- 6 чаши хрупкав ориз
- ½ чаена лъжичка червен хранителен оцветител по желание

ИНСТРУКЦИИ
a) В голяма тенджера на средно слаб огън разтопете маслото и мини блата.

b) Когато блатът се разтопи напълно, смесете ванилията и сместа за кекс с червено кадифе. Ако смятате, че трябва да стане по-червено, добавете хранителни оцветители в този момент.

c) Свалете от котлона и внимателно разбъркайте оризовите криспи, докато се покрият равномерно.

d) След като всичко се смеси разпределете равномерно между корите с пяна.

e) Покрийте тавите с найлоново фолио и сервирайте.

30. Чипс от червено кадифе

Прави: 1

СЪСТАВ:
- 4 средни цвекло, изплакнете и нарежете на тънки филийки
- 1 чаена лъжичка морска сол
- 2 супени лъжици зехтин
- Хумус, за сервиране

ИНСТРУКЦИИ:

a)	Загрейте предварително въздушния фритюрник до 380°F.

b)	В голяма купа разбъркайте цвеклото с морска сол и зехтин, докато се покрие добре.

c)	Поставете резените цвекло във фритюрника и ги разпределете на един слой.

d)	Запържват се 10 минути. Разбъркайте, след което запържете още 10 минути. Разбъркайте отново, след което запържете за последните 5 до 10 минути или докато чипсът достигне желаната хрупкавост.

e)	Сервирайте с любим хумус.

31. Цвекло от копър и чесън

Прави: 2 порции

СЪСТАВ:
- 4 цвекло, почистени, обелени и нарязани
- 1 скилидка чесън, смлян
- 2 супени лъжици наситнен пресен копър
- ¼ чаена лъжичка сол
- ¼ чаена лъжичка черен пипер
- 3 супени лъжици зехтин

ИНСТРУКЦИИ:
a) Загрейте предварително въздушния фритюрник до 380°F.

b) В голяма купа смесете всички съставки, така че цвеклото да се покрие добре с маслото.

c) Изсипете сместа от цвекло в кошницата на фритюрника и печете 15 минути, преди да разбъркате, след което продължете да печете още 15 минути.

32. Салата за предястие от червено кадифе

Прави: 4 порции

СЪСТАВКИ

- 2 паунда Цвекло
- Сол
- ½ всеки Испански лук, нарязан на кубчета
- 4 домата, обелени, почистени от семена и нарязани на кубчета
- 2 супени лъжици оцет
- 8 супени лъжици зехтин
- Черни маслини
- по 2 бр Скилидки чесън, наситнени
- 4 супени лъжици италиански магданоз, нарязан
- 4 супени лъжици Кориандър, нарязан
- 4 средни Картофи, варени
- Сол и черен пипер
- Лют червен пипер

ИНСТРУКЦИИ:

a) Отрежете краищата на цвеклото. Измиват се добре и се варят във вряща подсолена вода, докато омекнат. Отцедете и отстранете корите под течаща студена вода. Зарове.

b) Смесете съставките за дресинга.

c) Комбинирайте цвеклото в купа за салата с лука, домата, кориандъра с чесън и магданоза. Изсипете половината дресинг, разбъркайте внимателно и охладете за 30 минути. Картофите се нарязват, поставят се в плитка купа и се заливат с останалия дресинг. Охладете се.

d) Когато сте готови за сглобяване, подредете цвеклото, доматите и лука в центъра на плитка купа и подредете картофите в кръг около тях. Гарнирайте с маслини.

33. Лодки от цвекло

Прави: 6 порции

СЪСТАВ:
- 8 малки Цвекло
- 10 унции месо от раци, консервирано или прясно
- 2 чаени лъжички Смлян пресен магданоз
- 1 ч.л Лимонов сок

ИНСТРУКЦИИ:
a) Варете цвеклото на пара за 20-40 минути или докато омекне. Изплакнете със студена вода, обелете и оставете да изстине. През това време смесете месото от раци, магданоза и лимоновия сок.

b) Когато цвеклото се охлади, разполовете и извадете центровете с лост за пъпеш или чаена лъжичка, като направите вдлъбнатина. Напълнете със смес от раци.

c) Сервирайте като предястие или за обяд заедно със запържени зеленчуци от цвекло.

34. Пържички от червено кадифе

Прави: 6 порции

СЪСТАВ:
- 2 чаши Настъргано сурово цвекло
- ¼ чаша Лук, нарязан на кубчета
- ½ чаша Хлебни трохи
- 1 голям Яйце, разбито
- ¼ чаена лъжичка джинджифил
- Сол и черен пипер на вкус

ИНСТРУКЦИИ:
a) Смесете всички съставки. Изсипвайте с лъжица порции с размер на палачинка върху гореща, намаслена скара.
b) Гответе до кафяво, като обърнете веднъж.
c) Сервирайте гарнирани с масло, заквасена сметана, кисело мляко или комбинация от тях.

ОСНОВНО ЯСТИЕ

35. Супа от червено кадифе

Прави: 2

СЪСТАВКИ
- ½ чаша цвекло, нарязано на кубчета
- ½ чаша морков, нарязан на кубчета
- ½ чаша домат, нарязан на кубчета
- ¼ чаша нарязана и обелена червена леща
- 1 глава лук
- 4-5 скилидки чесън
- 1 чаена лъжичка масло/гхи
- 1 супена лъжица бадемови филийки
- 1 чаена лъжичка черен пипер на прах
- на вкус Сол

ИНСТРУКЦИИ
a) Загрейте масло/гхи в тиган под налягане и задушете лука и чесъна.

b) Добавете всички зеленчукови кубчета и измитата леща и задушете за известно време.

c) Добавете една чаша вода и го гответе под налягане.

d) След това го смиламе на пюре и го прекарваме през цедка или гевгир.

e) Добавете още една чаша вода или повече според желаната гъстота.

f) Добавете сол и черен пипер и варете 5-7 минути на слаб огън.

36. Салата Червено кадифе с червено цвекло и моцарела

Прави: 4 порции

СЪСТАВКИ
- ½ червено зеле
- ½ сок от лайм
- 3 супени лъжици сок от цвекло
- 3 супени лъжици сироп от агаве
- 3 варени цвекло
- 150 гр топчета сирене Моцарела
- 2 супени лъжици див лук, нарязан на ситно
- 2 супени лъжици печени кедрови ядки

ИНСТРУКЦИИ
a) Нарежете червеното зеле с белачка на фини ивици.

b) Вземете купа за смесване и смесете сока от цвекло с 2 супени лъжици сироп от агаве и сока от половин лайм.

c) Смесете го с нарязаното червено зеле и оставете да се маринова за половин час.

d) След това оставяте зелето да се отцеди в цедка.

e) От свареното червено цвекло се получават малки топчета с парижеска лъжичка.

f) Поръсете тези топчета с 1 супена лъжица сироп от агаве.

g) Запечете кедровите ядки в тиган, докато станат златисто кафяви. Сложете отцеденото червено зеле в чиния.

h) Върху него се слагат червеното цвекло и топките Моцарела. Отгоре се разпределят кедровите ядки и ситно нарязания лук.

37. Червени кадифени пилешки пръсти

Прави: 12

СЪСТАВ:
- 12 пилешки филета
- 1 ½ чаши брашно
- Щипка сол
- 1 ½ супена лъжица бакпулвер
- ¼ чаша пудра захар
- 2 супени лъжици какао на прах
- 1 ⅔ чаши мляко
- 1 чаена лъжичка ванилов екстракт
- 1 унция червен хранителен оцветител
- 1 яйце
- 5 големи кубчета лед
- Допълнително брашно
- Олио за пържене

ИНСТРУКЦИИ:
a) Разбийте много добре мокрите съставки.

b) Смесете сухите съставки.

c) Добавете леда към мокрите съставки, след което го изсипете към сухите съставки. Разбъркайте, докато се комбинират.

d) Поръсете пилето със сол, поръсете в брашно и потопете в тестото.

e) Пържете на 350°F за 5 минути, докато пилето се сготви напълно, като обърнете, ако е необходимо.

f) Поставете да се охлади. Посолете веднага. Сервирайте с медена горчица, барбекю сос или други предпочитани подправки.

38. Червен кадифен бургер

Прави: 4 порции

СЪСТАВКИ

- 2-3 стръка мащерка, наситнена
- ½ чаша сок от цвекло
- 1/2 кубче прясна мая
- 1 яйце, отделено
- 250 г пшенично брашно
- 1 супена лъжица захар
- около 1 чаена лъжичка сол
- 40 г меко масло
- 1 скилидка чесън
- 1 супена лъжица каперси
- 120 грама майонеза
- черен пипер от мелницата
- 4-8 листа маруля, изплакнати и подсушени
- 1 шепа кълнове от цвекло, изплакнати и изсушени
- 500 г телешка кайма
- 1 супена лъжица зехтин
- 1 мини краставица, нарязана

ИНСТРУКЦИИ:

a) Сокът от червено цвекло се загрява, натрошава се в маята и се разтваря при бъркане.

b) От маята, брашното, захарта, 1/2 ч. л. сол, маслото, половината листенца мащерка и жълтъка се замесва гладко тесто, което се покрива и се оставя да втаса на топло за 1 час.

c) Замесете тестото, оформете го на 4 плоски кифлички и оставете да втаса още 20 минути.

d) Загрейте фурната на 200°C.

e) Намажете кифличките с белтъка, поръсете с останалата мащерка и запечете във фурната за 15-20 минути.

f) Оставете бухтите да се охладят върху решетка.

g) За айоли обелете чесъна и го нарежете на ситно заедно с каперсите.

h) Смесете майонезата с чесъна и каперсите и овкусете със сол и черен пипер.

i) Телешката кайма се овкусява със сол и черен пипер и се оформят 4 банички, които се запържват в грил тиган в сгорещеното олио за 4-5 минути от всяка страна.

j) Разрежете кифличките, намажете срязаните повърхности на двете половини с айоли, покрийте долната част с маруля, банички за бургер, резени краставица и кълнове от цвекло, покрийте с горните половини и сервирайте.

39. Червена кадифена скумрия с цвекло

Прави: 4 порции

СЪСТАВКИ
● 2 испански скумрии (около 2 паунда всяка), мащабирани и почистени, с отстранени хриле
● 2¼ чаши саламура от копър
● 1 супена лъжица зехтин
● 1 средно голяма глава лук, нарязана на ситно
● 2 средни цвекло, печено, варено, на скара или консерва; нарязани на ситно
● 1 тръпчива ябълка, обелена, почистена от сърцевината и нарязана на ситно
● 1 скилидка чесън, смлян
● 1 супена лъжица ситно нарязан пресен копър или листа от резене
● 2 супени лъжици прясно козе сирене
● 1 лайм, нарязан на 8 резена

ИНСТРУКЦИИ:
a) Изплакнете рибата и я поставете в торба с цип от 1 галон със саламура, изтласкайте въздуха и затворете торбата. Приберете в хладилник за 2 до 6 часа.
b) Загрейте олиото в голям тиган на среден огън. Добавете лука и задушете, докато омекне, около 3 минути. Добавете цвеклото и ябълката и задушете, докато ябълката омекне, около 4 минути. Разбъркайте чесъна и копъра и загрейте около 1 минута. Охладете сместа до стайна температура и разбъркайте козето сирене.
c) Междувременно запалете скара за директна средна температура, около 375¡F.

d) Извадете рибата от саламурата и я подсушете. Изхвърлете саламурата. Напълнете кухините на рибата с охладената смес от цвекло и ябълка и при необходимост ги закрепете с канап.
e) Намажете решетката на грила и я намажете с масло. Печете рибата на грил, докато кожата стане хрупкава и рибата изглежда непрозрачна на повърхността, но все още е филмирана и влажна в средата (130¼F на термометър с моментално отчитане), 5 до 7 минути на страна. Извадете рибата в чиния за сервиране и сервирайте с резенчета лайм.

40. Ризото от червено кадифе

Прави: 4

СЪСТАВ:

- 50 г масло
- 1 глава лук, нарязана на ситно
- 250 г ориз за ризото
- 150 мл бяло вино
- 1 литър зеленчуков бульон
- 300 г варено цвекло
- 1 лимон, обелен с кората и изцеден сок
- плосък лист магданоз малка връзка, едро нарязан
- 125 г меко козе сирене
- шепа орехи, препечени и смлени

ИНСТРУКЦИИ:

41. Разтопете маслото в дълбок тиган и запържете лука с малко подправки за 10 минути, докато омекне. Налейте ориза и разбъркайте, докато всяко зрънце се покрие, след това налейте виното и кипете в продължение на 5 минути.

42. Добавете бульона черпак по черпак, докато разбърквате, като добавяте още само след като предишната партида се абсорбира.

43. Междувременно вземете ½ цвекло и го разбийте в малък блендер до гладкост, а останалото нарежете.

44. След като оризът е сварен, разбъркайте разбито и нарязано цвекло, лимонова кора и сок и по-голямата част от магданоза. Разпределете между чинии и отгоре поръсете с натрошено козе сирене, орехите и останалия магданоз.

45. Червени кадифени плъзгачи

Прави: 4 порции

СЪСТАВ:
ЦВЕКЛО
- 1 скилидка чесън, леко натрошена и обелена
- 2 моркова обелени, нарязани
- Щипка сол и черен пипер
- 1 глава лук, обелена и нарязана на четвъртинки
- 4 цвекло
- 1 супена лъжица семена от кимион
- 2 стръка целина изплакнати, подрязани

ДРЕСИНГ:
- ½ чаша майонеза
- ⅓ чаша мътеница
- ½ чаша нарязан магданоз, див лук, естрагон или мащерка
- 1 супена лъжица прясно изцеден лимонов сок
- 1 чаена лъжичка паста от аншоа
- 1 скилидка чесън наситнена
- Сол и черен пипер

ТОПИНГ:
- Плъзгащи се кифли
- 1 тънко нарязана глава червен лук
- Шепа смесени микрозеленчуци

ИНСТРУКЦИИ:
ДРЕСИНГ
а) Комбинирайте мътеница, билки, майонеза, лимонов сок, паста от аншоа, чесън, сол и черен пипер.
ЦВЕКЛО

b) В холандска фурна сварете цвекло, целина, моркови, лук, чесън, семена от кимион, сол и черен пипер за 55 минути.

c) Обелете цвеклото и го нарежете на филийки.

d) Запържете резените цвекло за 3 минути от всяка страна в тиган, покрит със спрей.

ЗА СГЛОБЯВАНЕ

e) Подредете кифличките в чиния и ги поръсете с цвекло, винегрет, червен лук и микрозелени.

f) Наслади се.

46. Скариди с амарант и козе сирене

Прави: 4

СЪСТАВ:
- 2 цвекло спираловидно
- 4 унции омекотено козе сирене
- ½ чаша микрозелени рукола Леко нарязани
- ½ чаша Микрозелени амарант Леко нарязани
- 1 килограм скариди
- 1 чаша нарязани орехи
- ¼ чаша сурова тръстикова захар
- 1 супена лъжица масло
- 2 супени лъжици зехтин екстра върджин

ИНСТРУКЦИИ:

a) Оставете козето сирене да омекне за 30 минути, преди да започнете подготовката.

b) Загрейте фурната до 375 градуса

c) Загрейте тиган на умерен огън.

d) Добавете орехите, захарта и маслото в тигана и разбърквайте често на умерен огън.

e) Разбърквайте непрекъснато, след като захарта започне да се топи.

f) След като орехите са покрити, незабавно ги прехвърлете върху лист пергаментова хартия и отделете ядките, за да не се втвърдят слепени. Заделени

g) Нарежете цвеклото на спирали.

h) Поръсете спиралите със зехтин и морска сол.

i) Разстелете цвеклото върху тава и печете във фурната за 20 - 25 минути.

j) Изплакнете скаридите и добавете в тенджера.

k) Напълнете тиган с вода и морска сол. Оставете да заври.

l) Изцедете водата и го поставете в ледена баня, за да спрете готвенето.

m) Защипете и леко накълцайте микрозелените рукола. Заделени.

n) Добавете микрозеленчуци към омекналото сирене, като оставите настрана няколко щипки от всеки микрозеленчук.

o) Смесете микрозеленчуците и сиренето.

p) Остържете сирената смес на топка.

q) Чиния цвекло.

r) Върху цвеклото добавете лъжица сирене.

s) Поставете орехи около чинията.

t) Добавете скаридите и поръсете с останалите микрозеленчуци, сол и начукан черен пипер.

47. Миди и кейл на скара със сос от прясно цвекло

Прави: 4 порции

СЪСТАВ:

- 1¼ чаша пресен сок от цвекло
- Плодов зехтин
- 1 чаена лъжичка бял винен оцет
- кошерна сол; да опитам
- Прясно смлян черен пипер; да опитам
- 1¼ паунда пресни морски миди
- Няколко капки пресен лимонов сок
- 1 килограм млади листа от зеле; здравата централна сърцевина е отстранена
- Няколко капки оцет от шери
- Пресен див лук; нарежете на пръчици
- Малки кубчета жълта чушка

ИНСТРУКЦИИ:

a) Поставете сока от цвекло в нереактивна тенджера и кипете, докато се намали до приблизително ½ чаша.

b) Изключете котлона, разбийте 2 до 3 супени лъжици зехтин бавно до редукция, за да сгъстите соса. Разбийте бял винен оцет, сол и черен пипер на вкус. Оставете настрана и дръжте на топло.

c) Леко намаслете мидите и ги овкусете със сол, черен пипер и няколко капки лимонов сок.

d) Намажете листата кейл с олио и леко подправете. Печете кейла от двете страни, докато листата леко се овъглят и се сварят.

e) Изпечете мидите на скара, докато се сварят (центърът трябва да е леко непрозрачен). Подредете кейл атрактивно в центъра на топли чинии и капнете няколко капки оцет от шери върху него.

f) Поставете миди отгоре и лъжица сос от цвекло наоколо. Гарнирайте с пръчици див лук и жълт пипер и сервирайте веднага.

СУПА

48. Борш от цвекло

Прави: 2 порции

СЪСТАВ:
- 1 консерва цяло цвекло
- 4 чаши вода
- 1 цяла глава лук, обелена
- сол
- 2 препълнени супени лъжици захар
- ¼-½ чаена лъжичка кисела сол

ИНСТРУКЦИИ:
a) Задушете лука във вода за 10 минути. Добавете настъргано (настъргано) цвекло със сока и всички останали съставки.

b) Оставете да къкри за 5 минути. Повече ▼

c) Опитайте на вкус и коригирайте подправките.

d) Сервирайте горещ или студен.

49. Супа от зеле и цвекло

Прави: 8 порции

СЪСТАВ:
- 1 мед зеле; нарязани или клин
- 3 чесън; карамфил смлян
- Цвекло; куп
- 3 морковa; малцина
- 1 Lg лук
- 2 целина; дръжките се нарязват на 3 бр
- 3 паундa кост; кости от месо/мозък
- 2 лимонa
- 2 консерви Домати; не източвайте

ИНСТРУКЦИИ:
a) Поставете месото и костите в 8 или 12-qt бульон. Сложете в кутии с домати, покрийте с вода и оставете да заври.
b) Междувременно пригответе зеленчуците си. Цвеклото и морковите се нарязват на филийки, другите се нареждат цели. Когато бульонът заври, отстранете горната част.
c) Сложете цвекло, моркови, чесън и други зеленчуци. Намалете котлона до къкри и дръжте капака накриво.
d) След около час сложете чесъна и захарта.

50. Супа от цвекло и мътеница

Прави: 6 порции

СЪСТАВ:

- 5 цвекло
- 3 чаши Мътеница
- ¾ чаша нарязан зелен лук
- ⅔ чаша Лека заквасена сметана
- 2 супени лъжици Нарязан пресен копър или кориандър
- 1½ чаена лъжичка гранулирана захар
- 1½ чаена лъжичка бял оцет
- ¼ чаена лъжичка сол
- 1 чаша краставица; (нарязани на кубчета необелени)
- Стръкчета пресен копър или кориандър

ИНСТРУКЦИИ:

a) В тенджера с вряща подсолена вода покрийте и гответе цвеклото, докато омекне и люспите му се отделят лесно за около 25 минути. Отцедете и оставете да изстине; отстранете кожата и нарежете на ¼-инчови (5 mm) зарчета. Покрийте и охладете, докато се охлади.

b) В голяма купа разбийте заедно мътеница, ½ чаша (125 мл) лук, заквасена сметана, копър, захар, оцет и сол. Покрийте и охладете, докато се охлади или до 6 часа. Опитайте на вкус и коригирайте подправките.

c) Разпределете сместа от мътеница в купички за сервиране. Завъртете цвекло и краставица.

d) Гарнирайте с останалия зелен лук и стръкчета копър или кориандър.

51. Къри от цвекло

Прави: 4 порции

СЪСТАВ:
- 3 супени лъжици Гхи
- 1 щипка семена от кимион
- По 1 дафинов лист
- 2½ супени лъжици нарязан лук
- ¼ чаена лъжичка Кайен
- ¼ чаена лъжичка гарам масала
- 1 среден картоф, нарязан на кубчета
- ½ чаша зелен грах
- 15 унции цвекло, варено и нарязано на кубчета
- ½ чаена лъжичка сол

ИНСТРУКЦИИ:
a) Загрейте гхи и запържете семена от кимион, дафинов лист, лук с подправки, кайен и гарам масала за 1 минута.

b) Добавете картофи, грах и цвекло и гответе леко за 2 минути. Добавете сол и малко вода.

c) Гответе леко, докато картофите омекнат.

d) Сервирайте върху ориз.

52. Крем супа от цвекло

Прави: 6 порции

СЪСТАВ:

- 1 паунда цвекло, обелено и едро нарязано (около 3 средни)
- 1 голяма глава лук, едро нарязана
- 1 стрък пресен майорана ИЛИ
- 1 чаена лъжичка изсушена нарязана прясна мащерка
- 3 супени лъжици несолено масло
- 1 литър пилешки или зеленчуков бульон
- ½ чаша Тежка сметана
- 2 супени лъжици добър червен винен оцет
- Сол
- Пипер
- ½ чаша Тежка сметана, леко разбита
- Малки крутони
- ¼ чаша Нарязани пресни билки, като копър или майорана

ИНСТРУКЦИИ:

a) Гответе цвекло, лук и майорана в масло в тенджера от 4 литра на среден огън, докато лукът започне леко да омекне, около 10 минути. Добавя се бульон, тенджерата се покрива частично и се оставя да къкри около 30 минути, докато цвеклото омекне напълно.

b) Проверете ги, като се опитате да смачкате един от стените на тенджерата с дървена лъжица. Оставете да къкри още, ако е необходимо.

c) Пасирайте супата в блендер или кухненски робот. Ако искате супата да има по-гладка текстура, прецедете я през цедка със средни отвори. Добавете сметана или оцет и оставете супата да заври отново. Подправете със сол и черен пипер.

d) За да сервирате, разпределете в купички и гарнирайте с бита сметана, крутони и билки или сервирайте гарнитурите отделно и оставете гостите да си помогнат сами.

53. <u>Супа от спанак и цвекло</u>

Прави: 8 порции

СЪСТАВ:
- ½ чаша нахут
- 2 чаши спанак; нарязани
- 1 чаша боб
- 1 чаша пресен копър -или-
- ¼ чаша изсушен плевел от копър
- 1 чаша леща
- 4 цвекло; обелени и нарязани на малки кубчета
- 1 голяма глава лук; нарязан (до)
- 2 супени лъжици брашно (до)
- 2 Кокали за супа; по желание
- Пържен лук и листа суха мента (за гарнитура)
- Сол и черен пипер на вкус
- олио за пържене (до)
- 8 чаши вода

ИНСТРУКЦИИ:
a) Накиснете нахута и боба за 2 часа или за една нощ. Сварете лещата в l-2 чаши вода, докато омекне, но не стане каша и оставете настрана.

b) Запържете костите и лука в олио в голям съд. Подправете на вкус и добавете вода, нахут, боб и цвекло. Гответе, докато нахутът омекне.

c) Отстранете костите и добавете спанак, копър и леща. Разбърквайте от време на време. През това време запържете брашното в малко олио и го добавете към супата, за да се сгъсти.

d) Сложете супата на слаб огън и разбърквайте често, докато стане готова. Сервирайте в купа и гарнирайте със запържен лук или със сушени листа мента, добавени в сгорещено олио.

54. Супа от червено кадифе

Прави: 2 порции

СЪСТАВ:
- 1 голямо цвекло
- 1 чаша вода
- 2 щипки кимион на прах
- 2 щипки черен пипер
- 1 щипка канела
- 4 щипки сол
- Изстискване на лимон
- ½ супена лъжица гхи

ИНСТРУКЦИИ:
a) Сварете цвеклото и го обелете.
b) Смесете с водата и филтрирайте, ако желаете.
c) Сварете сместа, след това добавете останалите съставки и сервирайте.

САЛАТИ

55. Цвекло с портокалова гремолата

Прави: 12 порции

СЪСТАВКИ:
- 3 златни цвекло , подрязани
- 2 супени лъжици сок от лайм
- 1 чаена лъжичка портокалова кора
- 2 супени лъжици слънчогледово семе
- 1 супена лъжица смлян магданоз
- 3 супени лъжици козе сирене
- 1 супена лъжица кайма с възраст
- 2 супени лъжици портокалов сок
- 1 скилидка чесън, смлян

ИНСТРУКЦИИ:

a)   Загрейте предварително въздушния фритюрник до 400 . Сгънете тежко фолио около цвеклото и ги поставете върху тава в кошницата на фритюрника.

b)   Гответе до омекване, 50 минути . Обелете , разполовете и нарежете цвеклото ; поставете в купа.

c)   Добавете сок от лайм, портокалов сок и сол .

d)   Поръсете с магданоз, салвия, чесън и портокалова кора и намажете с козе сирене и слънчогледови ядки.

56. Цвекло със зеленчуци и нарязани кайсии

Прави: 4 порции

СЪСТАВ:
- 1 среден куп цвекло със зеленчуци
- 1⁄3 чаша пресен лимонов сок
- 2 супени лъжици светлокафява захар
- ½ чаша сушени кайсии
- Сол и прясно смлян черен пипер

ИНСТРУКЦИИ:
a) Загрейте фурната до 400°F. Отстранете зелените от цвеклото и ги измийте добре, след което ги нарежете напречно на ивици с ширина ½ инча. Заделени. Измийте добре цвеклото.
b) Увийте цвеклото плътно в алуминиево фолио и печете до омекване, около 1 час.
c) Докато цвеклото се пече, поставете кайсиите в малка топлоустойчива купа и ги покрийте с вряща вода, за да омекнат за около 10 минути. Отцедете и нарежете на тънки филийки и оставете настрана.
d) Когато цвеклото се изпече, отвийте го и го оставете настрана да изстине. Когато изстине достатъчно за работа, обелете цвеклото и го нарежете на филийки с дебелина 1⁄4 инча и оставете настрана.
e) В малка тенджера смесете лимоновия сок, захарта и нарязаните кайсии и ги оставете да заври. Намалете топлината до минимум и оставете да къкри за 5 минути. Заделени.
f) Поставете запазените зеленчуци в тиган с 2 супени лъжици вода. Покрийте и оставете да заври, след това намалете котлона до среден и гответе, докато зелените увехнат и течността се изпари за около 2 минути. Разбъркайте кайсиево-

лимоновата смес в зелените и подправете със сол и черен пипер на вкус. Добавете резените цвекло и гответе, докато се загреят за около 3 минути. Сервирайте веднага.

57. Салата от копър от цвекло

Прави: 2 порции

СЪСТАВ:

- 3 чаши нарязани зеленчуци
- ¼ луковица копър, нарязана на тънки резени
- ½ чаша нарязани варени цветчета броколи
- ½ чаша нарязано цвекло
- 1 до 2 супени лъжици екстра върджин зехтин
- Сок от ½ лимон

ИНСТРУКЦИИ:

a) В голяма купа смесете зелените, копъра, броколите и цвеклото.

b) Полейте със зехтин и лимонов сок.

58. Салата с лешници от цвекло

Прави: 2 порции

СЪСТАВ:
- 2 чаши бейби спанак
- ½ авокадо, нарязано на кубчета
- 1 чаша цвекло, нарязано на кубчета
- ¼ чаша лешници
- 2 супени лъжици екстра върджин зехтин
- 1 супена лъжица балсамов оцет

ИНСТРУКЦИИ:

a) Сложете спанака, авокадото, цвеклото и лешниците в купа. Залейте с масло и оцет.

b) Хвърлете и се насладете.

59. Салата от цвекло и домати

Прави: 2 порции

СЪСТАВ:
- ½ чаша пресни домати – нарязани
- ½ чаша варено цвекло – нарязано
- 1 супена лъжица растително масло
- ¼ супени лъжици синапено семе
- ¼ супени лъжици семена от кимион
- Щипка куркума
- 2 щипки асафетида
- 4 листа къри
- Сол на вкус
- Захар на вкус
- 2 супени лъжици фъстъци на прах
- Прясно нарязани листа от кориандър

ИНСТРУКЦИИ:
a) Загрейте олиото, преди да добавите синапеното семе.

b) Когато започнат да пукат, добавете кимион, куркума, листа от къри и асафетида.

c) Хвърлете цвеклото и доматите със смес от подправки, фъстъци на прах, сол, захар и листа кориандър на вкус.

60. Смесена зелена салата с цвекло

Прави: 4 порции

СЪСТАВ:

a) 2 средни цвекло, подрязани върховете

b) 2 супени лъжици обогатен с калций портокал сок

c) 1 ½ чаена лъжичка мед

d) ⅛ чаена лъжичка сол

e) ⅛ чаена лъжичка черен пипер

f) ¼ чаша зехтин

g) 2 супени лъжици сурови, белени слънчогледови семки

h) 1 портокал, нарязан на резени

i) 3 чаши опаковани смесени зелени салати

j) ¼ чаша сирене фета с намалено съдържание на мазнини, натрошено

ИНСТРУКЦИИ:

● В средна тенджера покрийте цвеклото с вода. Оставете да заври, след това намалете до слаб огън.

● Гответе 20-30 минути или докато вилицата омекне, покрита. Цвеклото трябва да се отцеди.

● Когато цвеклото е достатъчно охладено за работа, обелете го под течаща вода и го нарежете на филийки.

● Междувременно разбъркайте заедно портокаловия сок, меда, чесъна, солта и черния пипер в буркан.

● Разклатете в зехтина, докато дресингът стане гладък. Премахнете от уравнението.

● В малък тиган разтопете маслото на средно слаб огън.

● В сух тиган препечете слънчогледовите семки за 2-3 минути или докато станат ароматни.

- Хвърлете цвекло, слънчогледови семки, портокалови сегменти, смесени зеленчуци и сирене фета в голяма купа за сервиране.

61. Салата от дъгово цвекло и шамфъстък

Прави: 2 порции

СЪСТАВ:
- 2 малки връзки дъгово цвекло, подрязани
- Рапично масло за цвекло

БОСИЛЕК ЛИМОН ЗЕХТИН:
- 2 чаши свободно опакован босилек
- малко ¼ чаша зехтин
- ½ сок от лимон
- щипка кашерна сол
- 1 супена лъжица нарязан шам фъстък
- 1 чаша Micro Greens
- Сол от цитрусови билки – по избор

ИНСТРУКЦИИ:
a) Хвърлете цвеклото с 1-2 супени лъжици рапично масло, докато не се покрият леко.

b) Поставете цвеклото върху лист за печене с ръбове, покрийте с фолио и печете на скара за 30-45 минути или докато омекне и покафенее.

c) Отстранете обелките от цвеклото и ги изхвърлете.

d) За да направите зехтина от босилек, смесете всички съставки в блендер до гладкост.

e) Капнете малко количество босилек зехтин на дъното на две малки чинии.

f) Върху всяка чиния разпръснете малък брой микрозеленчуци, половината от цвеклото, сол от цитрусови билки и шамфъстък.

g) Поставете останалите микрозелени върху всяка чиния.

62. Розово червено кадифена салата

Прави: 2 порции

СЪСТАВКИ
САЛАТА
- 4 цели моркова
- ⅓ среден червен лук, нарязан на ситно
- 1 голямо цвекло
- 1 розов грейпфрут, нарязан
- 1 шепа грубо нарязан шамфъстък

ВИНЕГРЕТ
- ½ чаша зехтин
- ¼ чаша оризов винен оцет
- 1 чаена лъжичка горчица
- 1 чаена лъжичка кленов сироп
- 1-2 скилидки чесън, смлени
- сол и черен пипер на вкус

ИНСТРУКЦИИ:
- Нарежете цвеклото на средни филийки и го поставете в съд за микровълнова фурна, капак и микро, докато вилицата омекне. Моят отне 6 минути и половина. Избирам да не беля моята, тъй като нямам нищо против кожата, но правете каквото искате.
- С помощта на белачка за моркови обръснете дълги ивици от всеки морков, докато стигнете до сърцевината и не можете да бръснете повече. Запазете сърцевините за дъвчене по-късно.
- В голяма купа поставете всичките си съставки за салата с изключение на шамфъстъците.
- В друга купа поставете всички съставки за дресинга и разбийте до емулгиране.

● Когато сте готови да сервирате салатата, я полейте с достатъчно дресинг, за да я покриете, а останалото запазете за утрешната салата.

● Поръсете върху шамфъстъка и сте готови.

63. Салата от жълто цвекло с круши

Прави: 2 порции

СЪСТАВ:

- 3 до 4 средно жълти цвекло
- 2 супени лъжици бял балсамов оцет
- 3 супени лъжици веган майонеза, домашна (вижте веган майонеза) или закупена от магазина
- 3 супени лъжици веган заквасена сметана, домашна (вижте заквасена сметана от тофу) или закупена от магазина
- 1 супена лъжица соево мляко
- 1½ супени лъжици смлян пресен копър
- 1 супена лъжица смлян шалот
- ½ чаена лъжичка сол
- ¼ чаена лъжичка прясно смлян черен пипер
- 2 зрели круши Bosc
- Сок от 1 лимон
- 1 малка глава червена листна салата, накъсана на хапки

ИНСТРУКЦИИ:

a) Сварете цвеклото на пара, докато омекне, след това го охладете и го обелете. Нарежете цвеклото на кибритени клечки и го поставете в плитка купа. Добавете оцета и разбъркайте. Заделени.

b) В малка купа смесете майонезата, заквасената сметана, соевото мляко, копъра, шалот, сол и черен пипер. Заделени.

c) Почистете крушите и ги нарежете на 1/4-инчови кубчета. Поставете крушите в средно голяма купа, добавете лимоновия сок и разбъркайте внимателно, за да се смесят. Разпределете марулята в 4 чинии за салата и наредете с лъжица крушите и цвеклото отгоре. Поръсете дресинга върху салатата, поръсете с орехи пекан и сервирайте.

64. Салата от цвекло и тофу

Прави: 4 порции

СЪСТАВ:
- 3 цвекло; обелени ИЛИ 5 малки цвекло
- 1 малка глава червен бермудски лук; нарязват се на тънки кръгчета и се отделят
- 1 паунд твърдо или изключително твърдо тофу; отцедени и нарязани на ½-инчови кубчета
- ¼ чаша червен винен оцет
- 2 супени лъжици балсамов оцет
- ¼ чаша зехтин; или по-малко на вкус
- ½ чаена лъжичка сушен риган
- Сол и черен пипер

ИНСТРУКЦИИ:
a) Гответе цвеклото, докато омекне, когато го тествате с вилица: голямото цвекло може да отнеме 45 минути, за да заври и да се сготви.
b) Когато изстине достатъчно за работа, нарежете цвеклото наполовина, след което нарежете всяка половина на ¼-инчови филийки. Поставете в купа. Добавете дресинга. Разбъркайте внимателно, за да се комбинират.
c) Опитайте за подправки. Сервирайте веднага или охладено. Разбъркайте отново точно преди сервиране.

65. Салата от грейпфрут, цвекло и синьо сирене

Прави: 1 порция

СЪСТАВ:
- ½ връзка Кресон; грубите стъбла се изхвърлят
- 1 грейпфрут
- 1 унция синьо сирене; нарежете на малки тънки филийки
- 2 обелени варени цвекло, настъргано едро
- 4 супени лъжици зехтин екстра върджин
- 1 супена лъжица балсамов оцет
- Едра сол на вкус
- Едро смлян черен пипер на вкус

ИНСТРУКЦИИ:
a) Разпределете кресона между 2 чинии за салата и подредете декоративно резени грейпфрут и сирене отгоре.
b) В малка купа смесете заедно цвеклото, 2 супени лъжици олио и оцет и разпределете между салатите.
c) Полейте салатите с останалото масло и ги овкусете със сол и черен пипер.

Прави: 4 порции

СЪСТАВ:
- 1 кг сини картофи
- 200 г цвекло
- Сол
- Пипер
- 2 връзки пресен лук
- 250 г сметана
- 5 супени лъжици бял винен оцет
- 2 връзка репички
- ¼ легло от кресон
- ¼ Цвекло

ИНСТРУКЦИИ:
a) Картофите и цвеклото се измиват старателно и се варят в обилно количество подсолена вода за около 15 минути.
b) Измийте пресния лук, почистете и нарежете на тънки ивици.

c) Поставете пресния лук в ледена вода, така че да се навие.

d) Смесете заквасена сметана и оцет - подправете със сол и черен пипер.

e) Отцедете картофите, извадете ги, обелете и нарежете на едро.

f) Изплакнете цвеклото със студена вода, обелете и нарежете на тънки филийки.

g) Измийте старателно репичките, почистете и нарежете.

h) Смесете картофите, цвеклото, пресния лук и репичките с дресинга.

i) Подредете в купички. Поръсете с кресон.

67. Салата от цвекло с козе сирене и орехи

Прави: 4

СЪСТАВКИ
2 паунда бебешко цвекло (червено, жълто и/или Chioggia),
подрязано, дръжките и листата са запазени
Екстра върджин зехтин
Кошерна сол
½ чаша смлян шалот (около 2 средни шалот)
7 супени лъжици червен винен оцет
Прясно смлян черен пипер
8 унции прясно меко козе сирене
3 супени лъжици тънко нарязан пресен лук
½ чаша универсално брашно
2 големи яйца
1 чаша панко галета
Масло от гроздови семки или друго растително масло
1 чаша пресен плосък магданоз, едро нарязан
½ чаша препечени орехи, едро нарязани

1. Изпечете цвеклото. Загрейте фурната до 450°F. Подредете
цвеклото на един слой в тава за печене с размери 9 на 13
инча. Добавете достатъчно вода, за да достигне половината от
стените на цвеклото. Полейте със зехтин и овкусете обилно със
сол. Покрийте формата за печене с алуминиево фолио и
плътно затворете. Печете цвеклото за 1 час до 1 час и 15
минути или докато омекне, когато го надупчите с вилица.
2. Направете марината. Докато цвеклото се пече, в средна
купа смесете ¼ чаша шалот, 6 супени лъжици червен винен
оцет и ½ чаена лъжичка сол.
3. Обелете и мариновайте цвеклото. Когато цвеклото е
достатъчно охладено, за да се борави с него, но все още е
топло, използвайте хартиена кърпа, за да изтриете
внимателно кожата му. Разполовете или четвъртете цвеклото
и го прехвърлете в голяма купа. Подправете със сол и черен
пипер на вкус. Изсипете марината върху цвеклото; хвърляне

към палтото. Оставете да престои 30 минути, за да се маринова.

4. Сварете стъблата и листата на цвеклото. Нарежете стъблата на цвеклото на 2-инчови парчета. Навийте листата на стегнато дъно и ги нарежете под ъгъл на дълги ивици с ширина 1 инч. В тиган за сотиране загрейте 1 супена лъжица зехтин на средна степен, докато се загрее. Добавете стъблата и овкусете със сол. Гответе, като разбърквате от време на време, за 3 до 5 минути, докато леко омекнат. Добавете листата от цвекло и овкусете със сол и черен пипер. Гответе, като разбърквате от време на време, за 2 до 4 минути, докато омекнат. Разбъркайте останалата 1 супена лъжица червен винен оцет. Свалете от котлона.

5. Оформете кръгчета от козето сирене. Извадете козето сирене от хладилника и го оставете да престои на стайна температура за около 10 минути, докато леко омекне. В купа смесете дивия лук, останалата ¼ чаша шалот и козето сирене. Подправете с 1 чаена лъжичка сол и ½ чаена лъжичка черен пипер. Смесете, докато се комбинират напълно. Използвайте ръцете си, за да оформите четири равни топки, след което внимателно сплескайте всяка на кръг с дебелина ¼ инча. Прехвърлете кръгчетата в чиния.

6. Панирайте козето сирене. Разпределете брашното върху плитка чиния и овкусете със сол и черен пипер. Разбийте яйцата в плитка купа и разбийте, докато се смесят. В друга плитка чиния разпределете галетата. Работейки с един по един, старателно покрийте кръгчетата козе сирене в брашното; извадете излишъка. Потопете двете страни в яйцата, оставяйки излишното да се отцеди, след това в галетата; натиснете, за да сте сигурни, че галетата е полепнала. Прехвърлете кръговете в чиния и покрийте с найлоново фолио; охладете в хладилника до момента на пържене.

7. Настържете козето сирене. Точно преди сервиране извадете кръгчетата козе сирене от хладилника. Постелете чиния с хартиени кърпи. В чугунен тиган или тиган за соте загрейте тънък слой масло от гроздови семки на средно висока степен,

докато се загрее. Маслото е достатъчно горещо, когато няколко галета цвърчат веднага, когато се добавят в тигана. Добавете кръгчетата козе сирене. Гответе от 2 до 4 минути от всяка страна, докато станат златисто кафяви и хрупкави. Прехвърлете в чиния и овкусете със сол и черен пипер.

8. Довършете и поднесете салатата. Добавете магданоза и орехите към запеченото цвекло; разбъркайте, за да се комбинират напълно. Разпределете зеленчуците от цвекло (листа), стъблата и печеното цвекло между чиниите за сервиране. Покрийте всяка с кръгче козе сирене и сервирайте.

СТРАНИ

68. Печени кореноплодни зеленчуци

Прави: 6 до 8 порции

СЪСТАВ:

- 3 килограма нарязано на кубчета цвекло
- 1 малка глава червен лук
- ¼ чаша кокосово масло
- 1 ½ чаена лъжичка кошер сол
- ¼ чаена лъжичка прясно смлян черен пипер
- 2 супени лъжици листа от розмарин , нарязани

ИНСТРУКЦИИ:

a) Подредете решетка в средата на фурната и загрейте фурната до 425°F.

b) Поставете кореноплодните зеленчуци и червения лук върху тава за печене с ръбове. Полейте с ¼ чаша кокосово масло , поръсете с кашер сол и черен пипер и разбъркайте, за да се покрие равномерно. Разстелете на равен слой.

c) Пече се 30 минути.

d) Извадете тавата за печене от фурната, поръсете зеленчуците с розмарин и разбъркайте, за да се комбинират. Разстелете обратно на равен слой.

e) Продължете да печете, докато зеленчуците омекнат и се карамелизират, още 10 до 15 минути.

69. Цвекло в Grand Marnier

Прави: 6 порции

СЪСТАВ:

- 6 цвекло, изчистено и подрязано
- 2 супени лъжици сладко масло
- 3 супени лъжици Grand Marnier
- 1 чаена лъжичка настъргана портокалова кора

ИНСТРУКЦИИ:

a) В уред за готвене на пара, поставен върху кипяща вода, задушете цвеклото, покрито, за 25 до 35 минути или докато омекне.

b) Освежете цвеклото под студена вода, отстранете ципите и го нарежете на ⅜-инчови клинове.

c) В голям тиган сварете цвеклото в маслото на умерен огън, като разбърквате за 3 минути.

d) Разбъркайте Grand Marnier, портокаловата кора и сол на вкус; оставете сместа да къкри, покрита, за 3 минути.

70. Цвекло в заквасена сметана

Прави: 4 порции

СЪСТАВ:

- 16 унции Цвекло от консерва, отцедено и нарязано на кубчета
- 1 супена лъжица ябълков оцет
- ¼ чаена лъжичка всеки чесън сол и черен пипер
- ¼ чаша заквасена сметана
- 1 чаена лъжичка захар

ИНСТРУКЦИИ:

a) Комбинирайте всички съставки в 1 qt стъклен съд. Разбъркайте внимателно, за да се смесят.

b) Микровълнова, покрита, 3-5 минути на висока степен или докато се загрее. Разбърквайте на всеки 2 минути.

c) Оставете да престои, покрито, за 2-3 минути преди сервиране.

71. Червено кадифе Червено цвекло

Прави: 6 порции

СЪСТАВ:
- 1 кутия (16 унции) нарязано на кубчета цвекло, отцедено
- 1 кутия (16 унции) цели плодове или желиран сос от червени боровинки
- 2 супени лъжици портокалов сок
- 1 чаена лъжичка настъргана портокалова кора
- 1 тире сол

ИНСТРУКЦИИ:
a) Комбинирайте всички съставки в тенджера; загрейте добре, като разбърквате от време на време.
b) Сервирайте веднага. Вкусно с пуешко или шунка.

72. Червено кадифе Медено цвекло

Прави: 7 порции

СЪСТАВ:

- 6 чаши вода
- 1 супена лъжица оцет
- 1 чаена лъжичка сол
- 5 средни цвекло
- 1 среден лук, нарязан
- 2 супени лъжици маргарин
- 2 супени лъжици мед
- 1 супена лъжица лимонов сок
- ½ чаена лъжичка сол
- ⅛ чаена лъжичка смляна канела
- 1 супена лъжица магданоз, нарязан

ИНСТРУКЦИИ:

a) Загрейте вода, оцет и 1 чаена лъжичка сол до кипене. Добавете цвекло. Оставете да къкри, докато омекне, 35 до 45 минути; източване. Пуснете студена вода върху цвеклото; отстранете корите и отстранете корените. Нарежете цвеклото на ивици.

b) Гответе и разбъркайте лука в маргарина в тиган 10" на среден огън, докато лукът омекне за около 5 минути. Разбъркайте цвеклото, меда, лимоновия сок, ½ чаена лъжичка сол и канелата.

c) Загрейте, като разбърквате от време на време, докато цвеклото стане горещо, около 5 минути.

d) Поръсете с магданоз.

73. Печени резенчета цвекло

Прави: 4

СЪСТАВ:
- 1 килограм средно прясно цвекло, обелено
- 1/2 чаена лъжичка кошер сол
- 8 супени лъжици зеленчуков бульон
- 5 стръка пресен розмарин

ИНСТРУКЦИИ:
a) Загрейте фурната до 400 °F.
b) Нарежете всяко цвекло на филийки в зависимост от това колко порции желаете. Хвърлете в зеленчуковия бульон и сол за покритие.
c) В тава за печене поставете парче плътно фолио с дължина 12 инча.
d) Цвеклото се нарежда върху фолиото и се поръсва с розмарин. Увийте цвеклото във фолио и затворете плътно.
e) Печете поне 1 час или докато картофите омекнат.
f) Оставете парата да излезе, като внимателно отворите фолиото. Отстранете стръкчетата розмарин. Сервирайте и се насладете!

ДЕСЕРТ

74. Кексчета Червено кадифе

Прави: 24 кексчета

СЪСТАВ:
- 2 белтъка
- 2 чаши смес за торта червено кадифе
- 1 чаша смес за шоколадов кекс
- ¼ чаша тинктура, напоена с канабис
- 1 торба от 12 унции шоколадов чипс
- 1 кутия сода от лимон и лайм от 12 унции
- 1 12-унция вана със заквасена сметана

ИНСТРУКЦИИ:
a) Загрейте фурната до 350°F.
b) Застелете форма за мъфини с хартиени форми за печене.
c) Комбинирайте яйчен белтък, смес за кекс , тинктура , парченца шоколад и сода в голяма купа за смесване.
d) Разбъркайте добре, докато се образува гладко тесто.
e) Изсипете тестото в чаши за печене.
f) Пече се 20 минути.
g) Оставете кексчетата да се охладят преди глазура.

75. <u>Червено кадифе ледена торта</u>

Прави: 6

СЪСТАВ:
ТОРТА
- 1 ½ чаша захар
- 1 чаена лъжичка сода бикарбонат
- ½ чаша Криско
- 1 чаена лъжичка екстракт от ванилия
- 1 чаша Мътеница
- 2 унции червен хранителен оцветител
- 2 ½ чаша брашно за торта
- 1 чаена лъжичка сол
- 1 чаена лъжичка оцет
- 3 супени лъжици какао

ГЛАСУРА #1
- 1 пръчка масло
- 8 ч.л. Криско
- 1 чаша захар
- 3 супени лъжици брашно
- ⅔ чаши мляко
- 1 чаена лъжичка екстракт от ванилия

ГЛАСУРА #2
- 1 пръчка масло
- 2 крема сирене
- 2 яйца
- 1 кутия Power Sugar

ИНСТРУКЦИИ:
a) Смесете всички съставки на ръка. Не използвайте електрически миксер.
b) Печете на 350 градуса за 1 час и 15 минути.
c) Оставете да се охлади за 30 минути, преди да извадите от формата.

76. Торта Червено кадифе

Прави: 10 -12 порции

СЪСТАВ:

- 2½ чаши универсално брашно
- 2 супени лъжици неподсладено какао на прах
- 1 чаена лъжичка кошер сол
- 1 чаена лъжичка сода бикарбонат
- 2 яйца, стайна температура
- 1½ чаши гранулирана захар
- 1½ чаши растително масло
- 1 чаша мътеница, на стайна температура
- 1½ чаена лъжичка ванилов екстракт
- 1 чаена лъжичка дестилиран бял оцет
- 1 унция червен хранителен оцветител

ЗА ГЛАРУЗАТА:

- 16 унции крема сирене, омекотено
- 1 чаша несолено масло, омекотено
- 8 чаши пудра захар
- 1 супена лъжица пълномаслено мляко
- 2 супени лъжици ванилов екстракт

ИНСТРУКЦИИ:

a) Загрейте фурната до 325 градуса F. Напръскайте две 9-инчови форми за торта със спрей за печене или ги намажете и набрашнете.

b) В голяма купа за смесване комбинирайте брашното, какаото на прах, солта и содата за хляб и ги пресейте или разбийте заедно.

c) В средно голяма купа счупете яйцата и ги разбийте с бъркалка. Изсипете захарта, олиото, мътеницата и ванилията в купа и разбъркайте с помощта на ръчен миксер на ниска скорост, докато всичко стане хубаво и кремообразно.

d) Бавно смесете мокрите съставки със сухите съставки в голямата купа.

e) Добавете оцета и червения хранителен оцветител. Прегъвайте, докато цялото кексово тесто се зачерви и няма ивици.

f) Изсипете еднакво количество кексово тесто във всяка форма. Разклатете и почукайте тиганите, за да освободите всички въздушни мехурчета, след което оставете да престои 5 минути. Печете сладките за 25 до 30 минути. Извадете тортите от формите за торта и ги поставете върху решетки за охлаждане.

g) Докато сладкишите се охлаждат, направете глазурата. В голяма купа смесете крема сиренето и маслото.

h) Смесете двете съставки заедно с помощта на ръчен миксер, след което бавно добавете пудрата захар по 1 чаша наведнъж.

i) Добавете млякото и ванилията и разбъркайте, докато глазурата стане хубава и кремообразна. След като тортите са напълно охладени, ги замразете.

77. Сладолед от червено кадифе

Прави: 1 пинта

СЪСТАВ:
- 1 лист желатин
- 1 чаша мляко
- ½ порция фъдж сос
- 50 г Шоколадови парчета торта
- 35 г какао на прах
- 2 супени лъжици захар
- 1 супена лъжица глюкоза
- 1 супена лъжица дестилиран бял оцет
- 1 супена лъжица мътеница
- 2 супени лъжици червен хранителен оцветител
- 1 чаена лъжичка кошер сол

ИНСТРУКЦИИ:
a) Раздуйте желатина.

b) Затоплете малко млякото и разбийте желатина, за да се разтвори.

c) Прехвърлете желатиновата смес в блендер, добавете останалото мляко, фъдж соса, шоколадовата торта, какаото на прах, захарта, глюкозата, оцета, мътеницата, хранителния оцветител и солта и пюрирайте до гладко и равномерно.

d) Изсипете сместа през сито с фина мрежа във вашата машина за сладолед и замразете според указанията на производителя.

78. Червени кадифени шоколадови бисквити

Прави: 21 бисквитки

СЪСТАВКИ
- 1½ чаши универсално брашно
- ¼ чаша какао на прах
- 1 чаена лъжичка сода бикарбонат
- ¼ чаени лъжички морска сол
- ½ чаша несолено масло, стайна температура
- ½ чаша кафява захар
- ½ чаша
- 1 яйце, стайна температура
- 1 супена лъжица мляко/мътеница/натурално кисело мляко
- 2 супени лъжици ванилов екстракт
- ½ чаена лъжичка червен хранителен оцветител гел
- 1 чаша бял или черен шоколадов чипс

ИНСТРУКЦИИ:
a) В голяма купа за смесване разбийте заедно брашното, какаото на прах, содата за хляб и солта, след което оставете настрана.

b) С помощта на ръчен или стоящ миксер разбийте маслото, кафявата захар и гранулираната захар на висока скорост до кремообразна смес за около 1-2 минути.

c) След това добавете яйцето, млякото, екстракта от ванилия и хранителния оцветител, след което разбийте, докато се смесят добре, след което изключете миксера.

d) Добавете сухите съставки към мокрите съставки.

e) Включете миксера на ниска скорост и разбийте бавно, докато се оформи много меко тесто.

f) В случай, че трябва да добавите още оцветител за храна, можете да го направите на този етап.

g) Накрая добавете парченцата шоколад и ги разбийте.

h) Покрийте тестото с найлоново фолио и го оставете да се охлади в хладилник за поне 2 часа или цяла нощ.

i) След като се охлади, оставете тестото да престои на стайна температура поне 15 минути, преди да го разточите на топки и да го изпечете, защото тестото ще се е втвърдило.

j) Загрейте фурната си до 180°C.

k) Застелете две големи тави с хартия за печене или силиконови подложки. Заделени.

l) С помощта на супена лъжица загребете купчина от бисквитеното тесто и го разточете на топка.

m) Подредете ги в застлани с хартия за печене тави и печете 11-13 минути.

n) Печете на партиди.

o) Добавете още няколко парченца шоколад върху топлите бисквитки.

79. Сладоледена вафла Red Velvet

Прави: 8 сандвича

СЪСТАВ:
- 1¾ чаши универсално брашно
- ¼ чаша неподсладено какао
- 1 чаена лъжичка сода бикарбонат
- 1 чаена лъжичка сол
- 1 чаша рапично масло
- 1 чаша гранулирана захар
- 1 голямо яйце
- 3 супени лъжици червен хранителен оцветител
- 1 чаена лъжичка чист екстракт от ванилия
- 1½ чаени лъжички дестилиран бял оцет
- ½ чаша мътеница
- Незалепващ спрей за готвене
- 1½ литър ванилов сладолед
- 2 чаши полусладък мини шоколадов чипс

ИНСТРУКЦИИ:
a) Загрейте гофретника до средна степен.

b) В средно голяма купа смесете заедно брашното, какаото, содата и солта. Заделени.

c) В купата на миксер или с електрически ръчен миксер в голяма купа разбийте олиото и захарта на средна скорост, докато се смесят добре. Разбийте яйцето. Намалете миксера до минимум и бавно добавете хранителния оцветител и ванилията.

d) Смесете оцета и мътеницата. Добавете половината от тази смес от мътеница в голямата купа с олиото, захарта и яйцето. Разбъркайте, за да се смесят и след това добавете половината от брашнената смес.

e) Изстържете купата и разбъркайте само толкова, колкото да сте сигурни, че няма несмесено брашно.

f) Добавете останалата част от сместа от мътеница, разбъркайте, за да се комбинират и след това добавете последната част от сместа от брашно.

g) Разбъркайте отново, колкото да сте сигурни, че няма неомесено брашно.

h) Намажете двете страни на решетката на гофретника с незалепващ спрей. Изсипете достатъчно тесто в гофретника, за да покрие решетката, затворете капака и гответе, докато вафлите станат достатъчно твърди, за да ги извадите от гофретника, 4 минути.

i) Оставете гофретите леко да се охладят върху решетка. Използвайте кухненски ножици или остър нож, за да разделите вафлите на секции.

j) Повторете, за да направите общо 16 секции.

k) Докато секциите за вафли се охлаждат, поставете сладоледа на плота да омекне за 10 минути.

l) След като сладоледът омекне, поставете половината от вафлените секции и използвайте шпатула, за да нанесете сладолед с дебелина около 1 инч върху всяка от тях.

m) Отгоре покрийте с останалите секции, за да направите 8 сандвича. Изстържете излишъка от сладолед с гумена шпатула, за да изгладите краищата.

n) След това потопете краищата на сладоледа в купа или плитка чиния, пълна с малки парченца шоколад.

o) Опаковайте плътно всеки сандвич в найлоново фолио, поставете в плик с цип и поставете плика във фризера за поне 1 час, за да може сладоледът да се втвърди.

p) Извадете сандвича няколко минути преди сервиране, за да омекне леко.

80. Червени кадифени мини чийзкейкове

Прави: 22-24 чийзкейка

СЪСТАВКИ
БИСКВИТЕН СЛОЙ ЧЕРВЕНО КАДИФЕ
- 1 и ½ чаши + 1 супена лъжица универсално брашно
- ¼ чаша неподсладено какао на прах
- 1 чаена лъжичка сода бикарбонат
- ¼ чаена лъжичка сол
- ½ чаша несолено масло, размекнато до стайна температура
- ¾ чаша опакована светла или тъмнокафява захар
- ¼ чаша гранулирана захар
- 1 яйце, стайна температура
- 1 супена лъжица мляко
- 2 супени лъжици чист екстракт от ванилия
- 1 супена лъжица червен хранителен оцветител
СЛОЯ ЧИЙЗКЕЙК
- 12 унции крема сирене, омекотено на стайна температура
- 2 супени лъжици кисело мляко
- ⅓ чаша гранулирана захар
- 1 голямо яйце, на стайна температура
- 1 чаена лъжичка чист екстракт от ванилия
- ½ чаша мини или обикновен полусладък шоколадов чипс

ИНСТРУКЦИИ:
a) Загрейте фурната до 350°F.

b) Постелете две форми за мъфини по 12 броя с подложки за кексчета. Заделени.

c) Направете бисквитения слой с червено кадифе: смесете брашното, какаото на прах, содата за хляб и солта заедно в голяма купа. Заделени.

d) С помощта на ръчен или стоящ миксер с приставка за лопатки разбийте маслото на висока скорост до кремообразно състояние, около 1 минута.

e) Изстържете стените и дъното на купата, ако е необходимо.

f) Превключете миксера на средна скорост и разбийте кафявата захар и гранулираната захар, докато се смесят.

g) Разбийте яйцето, млякото и екстракта от ванилия, като изстържете стените и дъното на купата, ако е необходимо.

h) След като се смесят, добавете хранителния оцветител и разбийте, докато се комбинират.

i) Изключете миксера и изсипете сухите съставки в мокрите. Включете миксера на ниска степен и разбийте бавно, докато се образува много меко тесто.

j) Разбийте още оцветител, ако искате тестото да е по-червено. Тестото ще бъде лепкаво.

k) Натиснете 1 оскъдна супена лъжица тесто за бисквити в дъното на всяка подложка за кекс. Казвам „оскъдно", защото в противен случай няма да имате достатъчно за приготвяне на 22-24 мини чийзкейка. Печете всяка партида за 8 минути, за да изпечете предварително кората, преди да наредите чийзкейка отгоре.

l) Направете слоя чийзкейк: като използвате ръчен или стоящ миксер с приставка за лопатки, разбийте крема сиренето на средно висока степен, докато стане напълно гладко.

m) Добавете киселото мляко и захарта, като разбивате на висока степен, докато се смесят.

n) Добавете яйцето и ванилията и разбийте на средна степен, докато се комбинират.

o) Внимателно добавете парченцата шоколад. Поставете 1 супена лъжица тесто за чийзкейк върху предварително изпечената бисквитка, като я разпределите, за да сте сигурни, че покрива напълно бисквитката.

p) Върнете мини чийзкейковете във фурната и продължете да печете още около 20 минути.

q) Покрийте чашите с алуминиево фолио, ако върховете им покафенеят твърде рано.

r) Оставете да се охлади за 30 минути върху плота, след което в хладилника да стегне за още 1,5 часа.

s) Чашите за бисквитки остават свежи и покрити на стайна температура в продължение на 12-24 часа, след което трябва да се съхраняват в хладилник за още 3 дни.

81. Мъфини с крема сирене Red Velvet

Прави: 12 мъфина

СЪСТАВКИ
ЗАЛИВКА ОТ ТРОХИ
- ½ чаша гранулирана захар
- ¼ чаша универсално брашно
- 2 супени лъжици несолено масло

СМЕС ОТ КРЕМ СИРЕНЕ
- 4 унции омекотено крема сирене
- ¼ чаша гранулирана захар
- ½ супени лъжици ванилов екстракт

МЪФИНИ
- 1 ¼ чаша универсално брашно
- ½ чаша гранулирана захар
- 2 чаени лъжички бакпулвер
- ½ чаени лъжички сол
- 1 голямо яйце
- ½ чаша растително масло
- ⅓ чаша мляко
- 2 супени лъжици неподсладено какао на прах
- 2 супени лъжици червен хранителен оцветител

ИНСТРУКЦИИ
a) Загрейте фурната до 375° F.

b) Подгответе формата за мъфини, като я постелете с подложки или я напръскате с незалепващ спрей за готвене.

ЗАЛИВКА ОТ ТРОХИ
c) В средна купа добавете брашно, захар и масло. С помощта на вилица нарежете маслото, докато получите едри трохи.

СМЕС ОТ КРЕМ СИРЕНЕ
d) В друга купа смесете заедно крема сиренето, захарта и ванилията до гладка смес.

МЪФИНИ
e) В купата на миксер добавете брашно, бакпулвер и сол и разбийте, за да се комбинират.

f) Добавете яйце, олио, мляко, какао на прах и червен хранителен оцветител и разбъркайте, докато се смеси.

g) Сложете сместа от крема сирене в тестото за мъфини, като внимавате да не се смеси прекалено много.

h) Загребете тестото в готовия мъфин, като напълнете всеки около ⅔.

i) Равномерно поръсете топинга от трохи върху всеки мъфин.

j) Печете при 375° F за 17-19 минути или докато клечката за зъби, поставена в центъра, излезе чиста.

k) Оставете мъфините да се охладят в тавата за около 10 минути, след което ги прехвърлете върху охладителна решетка, за да се охладят напълно.

82. Тарта с малини от червено кадифе

Прави: 12 порции

СЪСТАВКИ
- 1 лист охладено тесто за пай
- 1 голям белтък, леко разбит
- ¼ чаша сладко от малини без семки
- ⅔ чаша омекнало масло
- ¾ чаша захар
- 3 големи яйца
- 1 голям жълтък
- 1 супена лъжица какао за печене
- 2 супени лъжици оцветител за храна с червена паста
- 1 чаша смлени бадеми
- глазура

ИНСТРУКЦИИ
a) Загрейте фурната до 350°. Развийте листа за сладкиши в 9-инчов. нагънат тава за тарт с подвижно дъно; подстрижете дори с джантата. Замразете за 10 минути.

b) Застелете тестото с двойна дебелина на фолиото. Напълнете с тежести за пай, сушен боб или неварен ориз. Печете 12-15 минути или докато краищата станат златисто кафяви.

c) Отстранете фолиото и тежестите; намажете дъното на кората с белтък. Печете още 6-8 минути или до златисто кафяво. Охладете върху решетка.

d) Намажете с конфитюр долната част на кората. В купа разбийте маслото и захарта, докато станат светли и пухкави. Разбийте постепенно яйцата, жълтъка, какаото и хранителния оцветител. Сгънете смлени бадеми. Разпределете върху сладкото.

e) Печете 30-35 минути или докато стегне плънката. Охладете напълно върху решетка.

f) В малка купа смесете сладкарска захар и вода и изцедете до гладкост; дъжд или тръба върху тортата. Охладете остатъците.

83. Суфлета от червено кадифе

Прави: 6 порции

СЪСТАВКИ

- 1 супена лъжица масло
- 3 супени лъжици гранулирана захар
- 4-унция горчив шоколад за печене, нарязан
- 5 големи яйца, разделени
- ⅓ чаша гранулирана захар
- 3 супени лъжици мляко
- 1 супена лъжица червена течна хранителна боя
- 1 чаена лъжичка ванилов екстракт
- Щипка сол
- 2 супени лъжици гранулирана захар
- Пудра захар
- Разбита заквасена сметана

ИНСТРУКЦИИ

k) Загрейте фурната до 350°.

l) Намажете дъното и стените на рамекините с масло.

m)   Леко покрийте с 3 супени лъжици захар, като изтръскате излишното. Поставете върху хартия за печене.

n) Загрейте шоколада в микровълнова фурна в голяма купа, подходяща за микровълнова фурна, на ВИСОКА за 1 минута до 1 минута и 15 секунди или докато се разтопи, като разбърквате на интервали от 30 секунди.

o) Разбъркайте 4 жълтъка, ⅓ чаша захар и следващите 3 съставки.

p) Разбийте 5 белтъка и солта на висока скорост с мощен електрически миксер до получаване на пяна.

q) Постепенно добавете 2 супени лъжици захар, като разбивате до твърди върхове.

r) Сгънете белтъчната смес в шоколадовата смес, една трета наведнъж.

s) Сложете с лъжица в подготвени рамекини.

t) Прокарайте върха на палеца си около краищата на рамекините, като избършете и създадете плитка вдлъбнатина около краищата на сместа.

u) Печете на 350° за 20 до 24 минути или докато суфлетата се надигнат и стегнат.

v) Поръсете с пудра захар; сервирайте веднага с разбита заквасена сметана.

84. Червено кадифе чийзкейк мус

Прави: 3

СЪСТАВКИ
● 6 унции омекотено крема сирене на блок
● ½ чаша Тежка сметана
● 2 супени лъжици пълномаслена заквасена сметана
● ⅓ чаша нисковъглехидратен подсладител на прах
● 1 ½ чаена лъжичка екстракт от ванилия
● 1 ½ чаена лъжичка какао на прах
● ½ чаена лъжичка до 1 чаена лъжичка естествен червен хранителен оцветител в зависимост от това дали искате червен цвят вместо розов
● Разбита сметана, подсладена с капки стевия
● Шоколадово блокче без захар, настърган кето шоколад

ИНСТРУКЦИИ
a) В голяма купа за смесване с електрически ръчен миксер или стоящ миксер добавете омекотено крема сирене, тежка сметана, заквасена сметана, подсладител на прах и екстракт от ванилия.
b) 6 унции крема сирене на блокове, ½ чаша плътна сметана, ⅓ чаша нисковъглехидратен подсладител на прах, 1 ½ чаена лъжичка екстракт от ванилия, 2 супени лъжици заквасена сметана
c) Разбъркайте на ниска степен за минута, след това на средна за няколко минути, докато стане гъста, кремообразна и напълно смесена.
d) Добавете какаото на прах и разбъркайте на висока степен, докато се комбинират, като изстържете отстрани с гумена стъргалка, за да се смесят добре.
e) 1 ½ чаена лъжичка какао на прах
f) Добавете червен хранителен цвят и разбъркайте, докато се смеси или до консистенция на пудинг.
g) ½ чаена лъжичка до 1 чаена лъжичка естествен червен хранителен оцветител

h) Лъжица или използвайте сладкарски пош, за да изсипете муса в малка десертна чаша или купа.

i) Гарнирайте с купчина бита сметана без захар и малко настърган шоколад без захар по избор. Сервирайте

j) Разбита сметана, подсладена със стевия, стърготини от шоколад без захар

85. Red Velvet-Bery Cobbler

Прави: 6 до 8 порции

СЪСТАВКИ
- 1 супена лъжица царевично нишесте
- 1 ¼ чаши захар, разделени
- 6 чаши асорти от пресни горски плодове
- ½ чаша омекнало масло
- 2 големи яйца
- 2 супени лъжици червена течна хранителна боя
- 1 чаена лъжичка ванилов екстракт
- 1 ¼ чаши универсално брашно
- 1 ½ супени лъжици неподсладено какао
- ¼ чаена лъжичка сол
- ½ чаша мътеница
- 1 ½ чаени лъжички бял оцет
- ½ чаена лъжичка сода за хляб

ИНСТРУКЦИИ
a) Загрейте фурната до 350°. Разбъркайте заедно царевичното нишесте и ½ чаша захар.

b) Хвърлете горски плодове със смес от царевично нишесте и изсипете с лъжица в леко намазнена тава за печене с размери 11 x 7 инча.

c) Разбийте маслото на средна скорост с електрически миксер, докато стане пухкаво; постепенно добавете останалите ¾ чаша захар, като разбиете добре.

d) Добавете яйца, 1 наведнъж, като разбивате само докато се смесят след всяко добавяне.

e) Разбъркайте червен хранителен оцветител и ванилия, докато се смесят.

f) Комбинирайте брашното, какаото и солта. Разбъркайте заедно мътеница, оцет и сода за хляб в мерителна чаша за течност с 2 чаши.

g) Добавете смес от брашно към смес от масло, редувайки се със смес от мътеница, започвайки и завършвайки с брашнена смес.

h) Разбийте на ниска скорост, докато се смеси след всяко добавяне.

i) Лъжица тесто върху горска смес.

j) Печете на 350° за 45 до 50 минути или докато дървена кирка, поставена в центъра на топинга, излезе чиста. Охладете върху решетка за 10 минути.

86. Плодова торта Червено кадифе

Прави: 3 порции

СЪСТАВКИ
- 200 грама майда
- 220 грама пудра захар
- 1 супена лъжица какао на прах
- 150 мл растително масло
- 250 мл Мътеница
- 1 чаена лъжичка бакпулвер
- ½ чаени лъжички сода бикарбонат
- ¼ чаени лъжички сол
- ½ чаени лъжички оцет
- 1 супена лъжица ванилова есенция
- ½ чаша Тежка сметана

ЗА ГАРНИРАНЕ:
- Шоколадово изкуство
- Киви и грозде
- Пчелен мед
- Сладки скъпоценни камъни

ИНСТРУКЦИИ

a) В купа добавете всички сухи съставки, споменати по-горе, и ги пресейте заедно, за да избегнете бучки.

b) Сега добавете мътеница, растително масло, ванилова есенция и паста от цвекло и разбъркайте добре, за да направите гладко тесто.

c) Накрая добавете оцета и разбъркайте добре.

d) Вземете 1 форма за торта от 6 инча и формата за мъфини, намажете ги с масло и ги поръсете с Maida,

e) изсипете тестото по равно в тях.

f) Загрейте микровълновата фурна до 180°C за 10 минути. Печете ги в предварително загрята микровълнова фурна за 20-25 минути или до готовност в зависимост от всяка микровълнова фурна.

g) Разбийте тежката сметана за 3-4 минути и я оставете да замръзне.

h) Нарежете кивито и гроздето.

i) След изпичане го оставете да изстине и го оформете.

j) Нанесете бита сметана върху двете торти и ги украсете със скъпоценни камъни, шоколад, нарязани плодове и накрая мед.

87. Бисквита Червено кадифе

Прави: 10 порции

СЪСТАВ:
- 2 чаши самонабухващо брашно
- ½ чаени лъжички крем зъбен камък
- ⅛ чаени лъжички сол
- 1 супена лъжица неподсладено какао на прах
- 2 супени лъжици гранулирана захар
- ¾ чаша мътеница студена
- ½ чаша студено несолено масло, настъргано
- ¼ чаша зеленчукова мазнина с вкус на масло
- 1 чаена лъжичка ванилов екстракт
- ½ унция червен хранителен оцветител

ИНСТРУКЦИИ:
a) Комбинирайте самонабухващото брашно, солта, какаото на прах, захарта и крема от зъбен камък в голяма купа.

b) Пресейте или разбъркайте съставките, докато се смесят добре.

c) Добавете всички сухи съставки в купата на миксера.

d) Добавете маслото, мазнината, мътеницата и хранителния оцветител.

e) Включете миксера и оставете съставките да се смесят на средна скорост, докато стане червено тесто.

f) След като тестото се оформи, го изравнете върху леко набрашнена плоска повърхност с помощта на точилка.

g) Изрежете бисквитите с помощта на капак за консерви, форма за бисквити или форма за бисквити.

h) Поставете бисквитите в тава за печене.

i) Печете бисквитите на 400 F за 12-15 минути.

j) След като сте готови, намажете или разтрийте масло върху бисквитите, докато са още топли.

88. Червени кадифени макарони

Прави: 18 макарона

СЪСТАВКИ
- ½ чаша + 2 супени лъжици фино бадемово брашно, бланшfirано
- ½ чаша пудра захар
- 1 чаена лъжичка неподсладено какао на прах
- 2 големи белтъка
- щипка крем от зъбен камък
- ¼ чаша + 1 чаена лъжичка гранулирана захар
- червен гел хранителен оцветител
- Глазура с крема сирене

ИНСТРУКЦИИ
a) Пресейте бадемовото брашно, пудрата захар и неподсладеното какао на прах в голяма купа и оставете настрана.

b) Добавете белтъците в купата на миксера с бъркалка и разбъркайте на средна скорост, докато повърхността на белтъците се покрие с малки мехурчета.

c) Добавете щипка крем от зъбен камък и продължете да бъркате, докато достигнете мекия връх.

d) След това постепенно добавете гранулирана захар и разбъркайте на средна скорост за 30 секунди. Увеличете скоростта на смесване до средно висока скорост. Продължете да бъркате, докато се образуват твърди, лъскави върхове.

e) Добавете червения гел хранителен оцветител в този момент. Ще се смеси по време на следващата стъпка.

f) Добавете сухите съставки към меренга и ги сгънете заедно, като използвате кръгови движения, докато дебела лента тесто изтече от шпатулата в непрекъснат поток, когато се повдигне.

g) Изсипете тестото в голяма торбичка за тръби, снабдена със среден по размер кръгъл накрайник за тръби и изсипете 1 ¼-инчов кръг върху подготвените листове за печене, като ги раздалечите на около 1 инч един от друг.

h) Ударете тиганите силно в плота няколко пъти, за да освободят въздушни мехурчета, след това извадете всички останали въздушни мехурчета, които излязат на повърхността, с клечка за зъби или писец.

i) Оставете макароните да почиват за 30 минути или докато развият кора.

j) Докато макароните почиват, загрейте фурната до 315 F / 157 C.

k) Печете една тава макарони наведнъж на средната решетка на фурната за 15-18 минути и завъртете тавата наполовина.

l) Извадете от фурната и оставете макароните да се охладят върху тигана за около 15 минути, след което внимателно ги извадете от подложката.

m) Сдвоете черупките, след което изсипете купчина крема сирене с глазура на една черупка макарон. Внимателно натиснете втора черупка върху глазурата, за да направите сандвич.

n) Ако желаете, поръсете с малко бял шоколад и натрошете две черупки макарон, които да използвате като гарнитура.

o) Поставете готовите макарони в херметически затворен съд и охладете в хладилника за една нощ, след което ги оставете да се затоплят до стайна температура и се насладете!

89. Red Velvet Ice Box Pie

Прави: 8 бр

СЪСТАВКИ
- 2 чаши натрошени шоколадови вафлени бисквитки или шоколадови крекери Graham
- ½ чаша разтопено масло
- ¼ чаша гранулирана захар
- Пакет от 12,2 унции бисквити Red Velvet Oreo
- 8 унции крема сирене, омекотено
- Кутия от 3,4 унции незабавна смес за пудинг за чийзкейк
- 2 чаши пълномаслено мляко или половин и половина
- 8 унции замразен разбит топинг

ИНСТРУКЦИИ
a) Загрейте фурната до 375°F. Напръскайте леко 9-инчова дълбока чиния за пай със спрей за готвене.

b) В малка купа смесете бисквитените трохи, маслото и захарта. Разбъркайте добре, след което натиснете върху дъното и страните на чинията за пай. Печете 15 минути или докато стегне. Охладете напълно.

c) Запазете 5 цели бисквитки за гарнитура и поставете останалите в затваряща се пластмасова торбичка.

d) Натрошете бисквитките. Заделени.

e) В средно голяма купа за смесване използвайте миксер, за да смесите крема сиренето, сместа за пудинг и млякото. Разбийте за 2-3 минути или докато стане кремообразна, пухкава и гладка.

f) Сложете на ръка разбитата заливка и натрошените бисквитки в плънката. Разпределете в охладената кора.

g) Отгоре украсете с останалата разбита заливка и цели бисквитки по желание.

h) Охладете поне 4 часа преди сервиране.

90. Червено кадифе Торта с цвекло

Прави: 10 порции

СЪСТАВ:
- 1 чаша олио Криско
- ½ чаша масло, разтопено
- 3 яйца
- 2 чаши захар
- 2½ чаша брашно
- 2 супени лъжици канела
- 2 чаени лъжички сода бикарбонат
- 1 чаена лъжичка сол
- 2 супени лъжици ванилия
- 1 чаша харвардско цвекло
- ½ чаша кремообразно извара
- 1 чаша натрошен ананас, отцеден
- 1 чаша нарязани ядки
- ½ чаша кокос

ИНСТРУКЦИИ:
a) Смесете олиото, маслото, яйцата и захарта.

b) Добавете брашното, канелата, содата и солта.

c) Сложете ванилия, цвекло, извара, ананас, ядки и кокос.

d) Изсипете в тава 9x13 инча.

e) Печете на 350 за 40-45 минути. Сервирайте с бита сметана.

91. Гратен от цвекло

Прави: 4 порции

СЪСТАВ:
● 4 чаши нарязано цвекло (червено и жълто), нарязано с дебелина ½ инча
● 1 чаша тънко нарязан лук
● 2 чаши подправени трохи за хляб
● 3 супени лъжици масло
● Зехтин, за поръсване
● Пармезан, за поръсване
● Креолска подправка, за поръсване
● Сол и бял пипер

ИНСТРУКЦИИ:
а) Загрейте фурната до 375 градуса F. В намазан с масло гратен или тежък съд за печене наредете цвеклото, лука и половината от трохите за хляб, намажете всеки слой с масло и подправете всеки слой със зехтин, пармезан, креолска подправка и сол и черен пипер на вкус.
b) Завършете със слой от трохи от хляб отгоре. Печете, покрити, за 45 минути. Открийте и продължете да печете още 15 минути или докато горната част покафенее и стане мехурчеста. Сервирайте директно от чинията.

92. Цвекло зелено суфле

Прави: 1 суфле

СЪСТАВ:
- 3 супени лъжици пармезан; настърган
- 2 средни Цвекло; сварени и обелени
- 2 супени лъжици масло
- 2 супени лъжици брашно
- ¾ чаша пилешки бульон; горещ
- 1 чаша зеленчуци от цвекло; сотирани
- ½ чаша сирене Чедър; настърган
- 3 яйчни жълтъка
- 4 белтъка

ИНСТРУКЦИИ:
a) Масло 1 qt. съд за суфле; поръсете с пармезан. Нарежете свареното цвекло и наредете с него дъното на съда за суфле.

b) В малка тенджера разтопете маслото, разбъркайте брашното, добавете горещия бульон и продължете да варите, докато леко се сгъсти, след което прехвърлете в по-голяма купа. Зелените цвекло се нарязват на едро и се добавят към соса заедно със сиренето Чедър.

c) В отделна купа разбийте жълтъците; смесете ги със смес от зелено цвекло. Разбийте белтъците, докато образуват връх. Сгънете в купа с други съставки; смесете добре. Прехвърлете всичко в намазана с масло тава за суфле. Поръсете с пармезан.

d) Печете на 350 F. за 30 минути, или докато суфлето стане бухнало и златисто.

93. <u>Червено кадифе Пяна от цвекло</u>

Прави: 1 порция

СЪСТАВ:
- 3 средни Цвекло; Приготвени върху кожата им
- 2½ чаша пилешки бульон
- 2 опаковки неовкусен желатин
- 1 чаша неовкусено кисело мляко
- 2 супени лъжици сок от лимон или лайм
- 1 малка глава настърган лук
- 1 супена лъжица захар
- 1 супена лъжица горчица
- Сол и черен пипер; да опитам

ИНСТРУКЦИИ:
a) Обелете и нарежете на кубчета цвеклото.

b) Поставете желатина в купа с 6 T вода и разбъркайте. Оставете да престои 2 минути и налейте горещ пилешки бульон, като разбърквате.

c) Обработете заедно всички съставки с изключение на желатина. Правилна подправка.

d) Добавете охладения желатин и обработете, за да се смеси.

e) Изсипете в намаслена форма, за да стегне 6. Извадете формата и сервирайте в центъра на чинията, заобиколен от салата с пилешко къри или салата със скариди

94. Хляб с цвекло

Прави: 1 порция

СЪСТАВ:

- ¾ чаша Шортенинг
- 1 чаша захар
- 4 яйца
- 2 супени лъжици ванилия
- 2 чаши настъргано цвекло
- 3 чаши брашно
- 2 чаени лъжички бакпулвер
- 1 чаена лъжичка сода бикарбонат
- ½ чаена лъжичка канела
- ¼ чаена лъжичка смляно индийско орехче
- 1 чаша нарязани ядки

ИНСТРУКЦИИ:

a) Разбийте мазнината и захарта, докато станат леки и пухкави. Смесете яйцата и ванилията. Разбъркайте цвеклото.

b) Добавете комбинираните сухи съставки; Смесете добре. Разбъркайте ядки.

c) Изсипете в намаслена и набрашнена форма за хляб 9x5".

d) Печете на 350'F. за 60-70 минути или докато дървената клечка за зъби, поставена в центъра, излезе чиста.

e) Охладете за 10 минути; извадете от тигана.

КОКТЕЙЛИ И СМУТИТА

95. Мартини с торта Червено кадифе

Прави: 2

СЪСТАВ:
- 2 унции водка за торта
- 1 унция Creme de Cacao
- ½ унция ванилова водка
- ½ унция разбита водка
- ¼ унция Aperol
- ½ унция гренадин
- ¼ чаена лъжичка пудра захар

ИНСТРУКЦИИ:
a) Измерете водката за торта, какаовия крем, ваниловата водка, разбитата водка, Aperol, гренадина, пудрата захар и леда в шейкър за коктейли.
b) Разклатете, докато се смесят добре.
c) Прецедете равномерно в двете чаши.
d) Сервирайте.

96. Мохито от червено кадифе

Прави: 5

СЪСТАВ:
- 1 чаша преварена вода
- 5 супени лъжици насипни чаени листа Red Velvet
- 5 листа мента
- 2 супени лъжици нектар от агаве
- 4 супени лъжици пресен сок от лайм
- 3 чаши газирана вода
- ром Бакарди

ИНСТРУКЦИИ:
a) Запарете чая в 200 мл преварена вода за пет минути.
b) Извадете торбичката чай или прецедете, ако е разхлабена, и охладете, за да се охлади.
c) Комбинирайте всички съставки. Сервирайте върху лед и гарнирайте с мента и лайм.

97. Шоколадов коктейл Червено кадифе

Прави: 1 коктейл

СЪСТАВ:
- ¼ чаша ликьор от бял шоколад
- 1½ унции водка
- 1 унция гренадин
- ½ чаша мляко
- глазура от крема сирене за оформяне на чашата ви
- червени пръски за ръба на чашата

ИНСТРУКЦИИ:
a) Рамчете чашата с глазура от крема сирене и я покрийте с червени пръски или червени кадифени тортени трохи.

b) Добавете лед в шейкър за коктейли.

c) Добавете всички съставки в шейкъра и разклатете добре.

d) След като се смеси, изсипете съдържанието на шейкъра в чаша.

e) Сервирайте и се насладете!

98. Коктейл Red Velvet Shortcake

Прави: 1 порция

СЪСТАВ:
- 2 големи ягоди, обелени и нарязани
- 1 ½ унции водка Red Velvet
- 1 капка лимонов сок
- 3 до 5 унции крем сода, на вкус
- Пресни ягоди, за гарнитура

ИНСТРУКЦИИ:
a) В шейкър за коктейли добавете резените ягоди. Разбъркайте добре.

b) Добавете водката и лимоновия сок. Напълнете шейкъра с лед и разклатете добре.

c) Прецедете в охладена хайбол чаша, пълна с пресен лед.

d) Отгоре се залива със сода.

e) Гарнирайте с ягода. Сервирайте и се насладете.

99. Смути от червено кадифе

Прави: 2

СЪСТАВ:
- 1 чаша замразено манго или 2 банана
- 1 малко цвекло, сварено и обелено
- 3 супени лъжици какао на прах
- 1,5 чаша мляко по избор или на вкус
- 3 фурми без костилки

ИНСТРУКЦИИ:
a) Добавете всички съставки към вашия блендер. Блендирайте до гладка смес.
b) вкус. Добавете още фурми или манго за желаната сладост.
c) Добавете още мляко за желаната консистенция. Разбъркайте отново и се насладете веднага.

100. Червено кадифено смути от цвекло и банан

Прави: 1

СЪСТАВКИ
- 1 замразен банан
- 1 чаша бадемово мляко
- 1 чаша замразени горски плодове
- ½ цвекло, сварено и обелено
- 2 супени лъжици какао на прах
- 1 супена лъжица кленов сироп / кокосова захар

ИНСТРУКЦИИ
a) Добавете съставки Добавете всички съставки в блендера.
b) Смесете всичко до гладкост, изсипете в чаша и се насладете!

ЗАКЛЮЧЕНИЕ

Червеното кадифе е наречено така, защото има кадифена или гладка текстура. Една добра рецепта за торта с червено кадифе изисква определени количества какао, мътеница и бял оцет, които й придават много уникален вкус, това не е просто обикновена рецепта с хранителни оцветители. Също така, оригиналното червено кадифе беше направено с глазура от варено мляко, а не с неприятната тежка и прекалено сладка глазура от крема сирене, която обикновено се използва сега. Глазурата от варено мляко е като кръстоска между бита сметана и маслен крем, а добре направената торта от червено кадифе има деликатен и божествен вкус и текстура.

Опитайте тези рецепти, вдъхновени от червено кадифе днес; те със сигурност ще накарат всяка маса да заблести и са толкова лесен начин да впечатлите.